SCIENCE

KEPU BAIJIA JIANGTAN

普及科学知识，拓宽阅读视野，激发探索精神，培养科学热情。

当他们年轻时

吉林出版集团

北方妇女儿童出版社

图书在版编目(CIP)数据

当他们年轻时 / 李慕南,姜忠喆主编. —长春：
北方妇女儿童出版社,2012.5(2021.4重印)
(青少年爱科学.科普百家讲坛)
ISBN 978 - 7 - 5385 - 6331 - 3

Ⅰ.①当… Ⅱ.①李… ②姜… Ⅲ.①诺贝尔奖 - 科
学家 - 生平事迹 - 世界 - 青年读物②诺贝尔奖 - 科学家 -
生平事迹 - 世界 - 少年读物 Ⅳ.①K811 - 49

中国版本图书馆 CIP 数据核字(2012)第 061719 号

当他们年轻时

出 版 人	李文学
主 编	李慕南　姜忠喆
责任编辑	赵 凯
装帧设计	王 萍
出版发行	北方妇女儿童出版社
地 址	长春市人民大街 4646 号 邮编 130021
	电话 0431 - 85662027
印 刷	北京海德伟业印务有限公司
开 本	690mm × 960mm　1/16
印 张	13
字 数	198 千字
版 次	2012 年 5 月第 1 版
印 次	2021 年 4 月第 2 次印刷
书 号	ISBN 978 - 7 - 5385 - 6331 - 3
定 价	27.80 元

前　　言

科学是人类进步的第一推动力,而科学知识的普及则是实现这一推动力的必由之路。在新的时代,社会的进步、科技的发展、人们生活水平的不断提高,为我们青少年的科普教育提供了新的契机。抓住这个契机,大力普及科学知识,传播科学精神,提高青少年的科学素质,是我们全社会的重要课题。

一、丛书宗旨

普及科学知识,拓宽阅读视野,激发探索精神,培养科学热情。

科学教育,是提高青少年素质的重要因素,是现代教育的核心,这不仅能使青少年获得生活和未来所需的知识与技能,更重要的是能使青少年获得科学思想、科学精神、科学态度及科学方法的熏陶和培养。

科学教育,让广大青少年树立这样一个牢固的信念:科学总是在寻求、发现和了解世界的新现象,研究和掌握新规律,它是创造性的,它又是在不懈地追求真理,需要我们不断地努力奋斗。

在新的世纪,随着高科技领域新技术的不断发展,为我们的科普教育提供了一个广阔的天地。纵观人类文明史的发展,科学技术的每一次重大突破,都会引起生产力的深刻变革和人类社会的巨大进步。随着科学技术日益渗透于经济发展和社会生活的各个领域,成为推动现代社会发展的最活跃因素,并且成为现代社会进步的决定性力量。发达国家经济的增长点、现代化的战争、通讯传媒事业的日益发达,处处都体现出高科技的威力,同时也迅速地改变着人们的传统观念,使得人们对于科学知识充满了强烈渴求。

基于以上原因,我们组织编写了这套《青少年爱科学》。

《青少年爱科学》从不同视角,多侧面、多层次、全方位地介绍了科普各领域的基础知识,具有很强的系统性、知识性,能够启迪思考,增加知识和开阔视野,激发青少年读者关心世界和热爱科学,培养青少年的探索和创新精神,让青少年读者不仅能够看到科学研究的轨迹与前沿,更能激发青少年读者的科学热情。

二、本辑综述

《青少年爱科学》拟定分为多辑陆续分批推出,此为第五辑《科普百家讲坛》，以"解读科学，畅想科学"为立足点，共分为 10 册，分别为：

1.《向科技大奖冲击》

2.《当他们年轻时》

3.《获得诺贝尔奖的科学家们》

4.《科学家是怎样思考的》

5.《科学家是怎样学习的》

6.《尖端科技连连看》

7.《未来科技走向何方》

8.《科技改变世界》

9.《保护地球》

10.《向未来出发》

三、本书简介

本册《当他们年轻时》用伟人的事迹激励孩子，远胜于一切教育。历史的长河中，总有一些人像河底的鹅卵石一样，深深地嵌在历史的河床内。纵观此书，你不仅可以从中目睹第一座核反应堆如何建造，爱因斯坦在怎样的恶劣环境中创立了相对论，爱丁顿如何证明"光线可以转弯"……你还有幸分享他们在做出发明与创造时的喜悦与激动，以及遭受挫折时的沮丧与懊恼。你更可以感受到从呱呱坠地之时与普通人无从区别的这些巨匠们具有怎样的一种创新品质与科学精神……崇高的理想，坚强的意志，勤奋的努力，科学家的青少年时代是你学习的好榜样。

本套丛书将科学与知识结合起来，大到天文地理，小到生活琐事，都能告诉我们一个科学的道理，具有很强的可读性、启发性和知识性，是我们广大读者了解科技、增长知识、开阔视野、提高素质、激发探索和启迪智慧的良好科普读物，也是各级图书馆珍藏的最佳版本。

本丛书编纂出版，得到许多领导同志和前辈的关怀支持。同时，我们在编写过程中还程度不同地参阅吸收了有关方面提供的资料。在此，谨向所有关心和支持本书出版的领导、同志一并表示谢意。

由于时间短、经验少，本书在编写等方面可能有不足和错误，衷心希望各界读者批评指正。

本书编委会

2012 年 4 月

目　　录

一、科学成长

二、科学成才

一、科学成长

普雷格尔："我不是野孩子！"

普雷格尔的爸爸很早就去世了，妈妈非常希望他成为一个有用的人，于是拼命打工赚钱，省吃俭用送他上学。可是普雷格尔并不听话，不但不读书，反而结交了一些不三不四的坏学生，老是逃课，还总是打架闹事。

一天，妈妈见他浑身脏兮兮，便怀疑地问："你是不是又在学校打架啦？"

小普雷格尔不敢抬头，望着地下，用脚尖划着圆圈。

这时候，有人敲门。妈妈瞪了小普雷格尔一眼，跑去开门一看，原来是邻居伍德夫人。

伍德夫人冷冷地说："你的好儿子今天在学校，把我家孩子的头打破了，他爸爸正带他上医院呢。请你好好管教你的孩子，教他懂点礼貌。下次我可不客气了，警察会来处理这件事情。"

小普雷格尔的妈妈惊呆了，红着脸，连连弯腰道歉。伍德夫人哼了一声准备离开。

这时，小普雷格尔跑出来，大声说："胡说，你的孩子才没礼貌！他叫我野孩子我才揍他！你回去告诉他，他要是再敢这样说，我还会狠狠地揍他，比这一次还狠！"

"你看看你这个样子，难道不像野孩子吗？果然是没有父亲的孩子，真没教养。"伍德夫人轻蔑地撇撇嘴，转身离开。

小普雷格尔还想追出去，突然身后传来妈妈的哭泣声。小普雷格尔慌神了，跑过去问道："妈妈，妈妈，您怎么

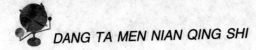

哭了？"

妈妈擦擦眼泪，说："妈妈一直希望你做一个男子汉，不要让别人瞧不起，可是现在……"

"妈妈，我错了，我以后再也不让您哭了！"小普雷格尔悔恨地说。

从此，小普雷格尔疏远了那些坏学生，开始好好学习，最后成为了人人尊敬的科学家。

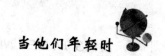

汤姆生：影响一生的会面

汤姆生出生在英国一个书商的家庭里，从小就看见父亲不断地搬弄那些书籍，小汤姆生很小就对书产生了兴趣。还不识字的他，也跟在父亲身后探头探脑，东摸摸西看看。

一次，小汤姆生看见爸爸回到家很高兴的样子，就问："爸爸，今天什么事情这么开心啊？"

爸爸笑着说："今天爸爸搜集到不少好书呢，有几本是找了好久都没找到的，这几套我们自己留着，不卖。"

"找到书就这么开心么？"小汤姆生疑惑地问。

"书可是个好东西啊，世界上的知识都在里面呢。"爸爸说。

等小汤姆生会识字后，果然喜欢上了书，迷上了那个知识的世界。他饥渴地吸收着书中的知识，不久就成为同龄人中的佼佼者。

一天，爸爸告诉他："今天带你去见一位伟大的物理学家，你一定会感到荣幸的。"

当晚，他们拜会了著名物理学家焦耳。焦耳丰富的知识，风趣的谈吐，不凡的气质折服了小汤姆生，他入迷地盯着那张充满睿智的脸，仔细聆听他说出的每一句话。焦耳也很喜欢这个聪明伶俐的孩子，耐心地回答他许多奇奇怪怪的问题。

这次会面，使得汤姆生对科学发生了浓厚的兴趣。他发誓长大了也要做焦耳先生那样的人，也要研究那个迷人的学科。

于是，小汤姆生开始关注物理学，看书的时候会有意识地找一些有关的书籍来读。上学后，更是成天缠着物理老师问这问那。他的自然科学知识越来越丰富，远远超过了许多大人。他28岁时就担任了剑桥大学卡文迪许实验室的主任，后来还获得了诺贝尔奖。

巴顿：严厉的爸爸

小巴顿出生在一个极其富裕的家庭里，母亲非常溺爱他，家中的仆人也惟恐少爷不满意，渐渐地，小巴顿养成了非常娇纵的性格。

在家里，小巴顿惟一害怕的人是他的父亲。他对小巴顿的一些看来很平常的行为，拉过去就教训一顿，至少也会皱着眉头盯着看，让小巴顿觉得很不自在。

很快，小巴顿该上学了。妈妈非常舍不得小巴顿去上学，生怕他吃了苦，受了欺负，要请高级私人教师来家里教育小巴顿。

不过父亲还是坚持把小巴顿送进了学校。

小巴顿一点儿也不喜欢学校，和富丽堂皇的家里相比，教室那么破烂简陋。老师对学生一视同仁，一点儿也不特别重视他。同学们更是不喜欢他骄傲自大的性格，也不和他玩。

学期末，成绩单和老师的评语送到了家长手里。成绩不好，老师的评语也不中听：与同学容易产生矛盾，人际关系紧张，不适应集体生活。妈妈认为学校亏待了儿子，又提出要让家庭教师来教小巴顿。

这时，父亲说话了："这更说明他人际交往的能力差，你现在这样溺爱他，长大后他怎么踏入社会？"于是，小巴顿只好再一次踏入校园。

不久，父亲认为小巴顿的各方面能力都有待提高，不顾大家反对，把小巴顿送去了寄宿学校。那里施行军事化管理，作息时间都非常严格，小巴顿简直受不了那个苦，在一月一次的探亲时对着妈妈又哭又闹。

父亲虽然也很心痛儿子，可是他依旧坚持这一决定："只有这样才能磨炼你的意志，全面纠正你的坏习惯。"小巴顿"呜呜"地哭，心里恨死了严厉的爸爸。

寄宿学校的生活的确使小巴顿学到了很多。多年后，取得了诺贝尔奖的巴顿回忆起父亲的决定，他非常感动："感谢上天给了我一个严厉的爸爸，不然我无法取得今天的成就。"

维蒂希从小事做起

一天课堂上，老师要大家说说自己将来想做什么。这下课堂上可闹腾开了，大家七嘴八舌地议论着。有的说要参军保卫国家，有的说要做医生悬壶济世，有的说要做歌星，有的说要做运动员。

轮到维蒂希了，他站起来大声说："我长大了要做总统。"

"为什么要做总统呢？"老师笑着地问。

"因为做了总统我就能管全国的人，让大家互相帮助，都过上幸福的生活。"维蒂希解释道。

老师很高兴，表扬了维蒂希一番后说："时间不早了，大家把自己的志向写成作文，下课交给我。"

回到家，维蒂希高兴地对妈妈说："老师上课表扬我了，说我想当总统是一个远大的志向呢！我一定会实现它的。"

"嗯，不错。那未来的总统先生，现在可不可以整理你一下你自己的房间呢？"妈妈说。

"总统不会做这种小事的。"维蒂希不屑地说。

想到自己长大了要做总统，维蒂希非常激动。可是要怎样才能做总统呢？这可是个问题。维蒂希想啊想啊，想得上课都出了神，老师叫他也没听见。

下课后，老师把他叫到办公室，问他为什么上课不专心。维蒂希吞吞吐吐地说了自己的疑问。

老师拍拍他的肩，笑着说："你有远大的志向，这是好的。可是任何事情只有空想是不够的，只有脚踏实地，从小事做起，一点一滴地打下基础，才能实现你的志向啊。"

维蒂希深受教育，从那之后，他不再把自己的目标挂在嘴上，也不再

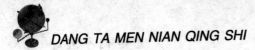

炫耀自己懂得多。相反，他更加认真地学习，回家也开始帮着妈妈做家务。

虽然后来维蒂希没有成为总统，可是他成为了一名出色的化学家，为人类更好地生活做出了贡献。

斯维德伯格不做纨绔子弟

斯维德伯格出生在瑞典一个美丽的海港城市，因为父亲的工厂经营得不错，他和几个哥哥有了一个衣食无忧、轻松愉快的童年。

男孩的童年充满了无穷的精力，慢慢地，小斯维德伯格他们学会了调皮捣蛋，打海鸟，掏鸟蛋，最后甚至开始打架，到处惹是生非，而这一切他们的父亲一点儿也不知情。

一天，警察带着鼻青脸肿的小斯维德伯格来到他父亲面前，严肃地说："您应该管一管这个小调皮鬼，他在码头上参与聚众打架，已经被我们抓到三次了。"

父亲非常痛心，便把小斯维德伯格送到了附近一所以严格著称的公立学校。可是进校后，小斯维德伯格还是老淘气，贪玩好耍，不求上进。自然，他的成绩非常不好，期末考试的时候好几门功课都是勉强及格。

校长是他父亲的朋友，面对不争气的小斯维德伯格，校长非常生气，当着大家的面，指着远处他父亲的工厂训斥他说："瞧着，20年后，这个造纸厂就要断送在你这个纨绔子弟手里。"

这句话深深地刺痛了小斯维德伯格，他的自尊心不容校长的话成为现实。于是他开始发奋学习，每当遇到困难感到焦躁的时候，他就用校长的那句话鞭策自己。

一定不能做他说的那种纨绔子弟。小斯维德伯格暗暗发誓：我一定要做个有用的人。

在这样的努力下，小斯维德伯格原本落后的成绩一点一点地赶上来了，并且超过了同学们，以优异的成绩考上了大学。

当他获得诺贝尔奖的时候，小斯维德伯格激动地说："若没有老校长当年的那一番激动的话，哪会有我的今天？我今天的全部成绩，都是出于老校长的赐予，不然我现在还在海边虚度光阴呢。"

张伯伦差点成了不良少年

张伯伦小时候聪明好学，加上对人热情，为人仗义，同学们都很喜欢他。

一天放学，学校停车场围了很多人。小张伯伦走过去一看，原来是一伙不良少年正在欺负自己的同学。

"住手！"小张伯伦冲进人群，面无惧色地对这那些不良少年喊。

一看张伯伦来了，刚才不敢出声的围观同学，都站到他身后，默默地表示支持。

看见自己犯了众怒，占不到便宜的不良少年互相使个眼色，灰溜溜地走了。大家都很高兴，夸奖张伯伦勇敢。

为了继续在学校里称王称霸，那伙不良少年想拉拢张伯伦。他们想只要没有张伯伦这个出头的人，其他同学就只有任他们欺负了。于是，他们主动找张伯伦玩，带他见识一些社会上的东西，还吹捧他勇敢聪明，够朋友。

小孩子怎么经得住这样的虚荣和刺激呢？很快，小张伯伦就和那伙不良少年打得火热。以前放学他总是回家看书，搞搞小实验小发明，现在则是和不良少年东混西混，很晚都不回家。

尽管他考试成绩依然不错。但是慢慢地，他发现，和他说话的同学少了，向他问问题的也少了，大家都用一种陌生又戒备的目光打量他。

幸好，父母了解到这一情况后，及时采取了措施，将他转学到很远的一所寄宿学校，彻底隔绝开他和那些不良少年的联系。慢慢地，小张伯伦又恢复了以前的好学生样子，重新走上正轨。

多年后，张伯伦提起这段经历都心有余悸："差点成了不良少年啊。"

魏兰德用事实说服父亲

魏兰德出生在德国一个银匠家庭里。父亲手艺高超，所以生意不错。尽管收入不菲，但那时候手艺人的社会地位并不高，远不如知识分子受人尊敬。

魏兰德从小心灵手巧，父亲觉得他是个能干银匠的好苗子，便一心想把所有本事都传授给他。可是魏兰德的母亲却希望孩子能成为一个知识分子，而不仅仅是一个银匠。于是，父母常常为这事吵架。

小魏兰德很喜欢学习，尤其喜欢物理。他很希望能去上学，可是父亲态度这么坚决，该怎么办呢？

一天，小魏兰德看见父亲对着生意账目愁眉苦脸，就问道："爸爸，有什么事不开心吗？""还不是这些账目，"父亲叹了口气，"我算了一下午还是没有算对。"

"让我帮忙算吧。"小魏兰德说。

"你？别闹了，我都算不对，你一个小孩子凑什么热闹！"父亲没好气地说。

小魏兰德一再恳求，父亲才答应让他试一试，心里还直犯嘀咕。

不一会儿，小魏兰德把账目算得清清楚楚，拿给了父亲。父亲简直不相信自己的眼睛，困扰他整个下午的账目，小魏兰德居然在这么短的时间内就整理好了！

"你怎么算得这么快呢？"父亲惊讶地问。

"我平时看了些数学书，学了一些速算方法，很容易就算出来了。这些知识是很管用的。"小魏兰德趁热打铁。

父亲沉默了。

从那天开始，小魏兰德发现父母的争吵慢慢变少了。终于，父亲同意了母亲的意见，让小魏兰德上学读书，他从此便踏上了科学研究的道路。

巴克拉：让学问来决定我们的明天

巴克拉的父亲是一个化学工厂的工作人员，受父亲影响，小巴克拉小小年纪对化学也非常感兴趣，经常缠着爸爸去工厂。

实验室的试验仪器和试剂，各种各样，琳琅满目，看得小巴克拉目瞪口呆。

为了在实验室多待一会儿，小巴克自愿为实验室的工作人员们打杂、跑腿，做一些琐碎的事务。慢慢地，大家喜欢上这个勤快好学的孩子，常常给他讲解一些化学试验，解答他的各种问题。

一天，小巴克拉正兴冲冲往实验室走，一个男孩儿拦住他的去路，傲慢地说："你是谁，怎么到这里来？这可是试验重地，不是你这种人来的地方。"

听了这话，小巴克拉很生气，反驳说："你又是谁？你都来得我为什么来不得！"

那个少年似乎没想到巴克拉竟然敢还嘴，气恼之下，想也不想就给了小巴克拉一个耳光，于是两人扭做一团打了起来。

打斗声惊动了实验室的工作人员，跑出来忙把他们分开。

小巴克拉原以为大人们会主持公道，不料平时对他很和善的工作人员们，却纷纷指责他的不对，甚至开口呵斥。原来那个少年是这家工厂老板的儿子。

知道这一点后，小巴克拉感到又委屈又气愤。他暗暗发誓：今天你仗着你爸爸欺负人，明天，就让我们自己的努力来决定吧。

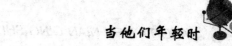

　　从此，小巴克拉不再去那间实验室，自己刻苦学习。付出的努力终于有了丰厚的回报，在他 25 岁那年，他进入了英国皇家科学院，成了那个男孩的老师。

　　男孩十分羞愧，自己转学走了。

让人震惊的天才少年泡利

泡利从小就聪明得让人惊叹，周围的人都称他为"天才"。

有一次，著名的物理学家索末菲来到他的家乡演讲。许多物理研究爱好者都纷纷慕名前往，小泡利也跟着一块儿去了。

讲堂里，小泡利显得很突出，来的都是成年人，只有他矮矮的个头，一脸的稚嫩。大家心里暗自嘀咕：这小孩儿来干吗？他能听懂这么难的演讲吗？

索末菲教授的演讲中包括了很多物理运算，有时候复杂得让大多数人都摸不着头脑。很多人都皱起了眉头，可是小泡利却一个劲地点头。

索末菲教授早就注意到了这个特别的小听众，见他不住地点头，忍不住问："孩子，你能听懂吗？"

"是的，教授，我能听懂。"小泡利认真地回答。

演讲结束了，索末菲教授问大家还有什么疑问，大家都摇头说没有。

这时，小泡利又举手了。索末菲教授很奇怪："孩子，你哪里没有明白呢？

"黑板左上角那个公式我不太明白，教授，您能给我们再演算一次吗？"小泡利说。

索末菲教授很喜欢这个聪明的男孩儿，便走到黑板前，再一次推算这道题目。这次，他惊讶地发现，原来这道题的结果他少打了一个小数点。

"孩子，你真是太聪明了，所有人都没有注意到这个疏漏，只有你发现了，只有你真的听懂了！"索末菲教授激动地摇晃着小泡利的肩膀。

从此，小泡利的"天才"名声更响亮了，19岁那年，他考入慕尼黑大学，成了索末菲教授的学生。

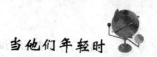

杨振宁三读《龙文鞭影》

杨振宁喜欢读书,父亲也很重视他的学习,总会精心挑选一些适合的书给他读,希望能从小培养孩子的读书兴趣,懂得更多的知识。

可是好玩也是孩子的天性。一次,杨振宁的父亲要出差,安排杨振宁读一本叫《龙文鞭影》的儿童启蒙读物。杨振宁翻翻这本书感到很简单,一看就懂,也就没有认真去读,跑去和小伙伴玩,爬树捉迷藏到河边钓鱼,玩得可开心了。

父亲出差回来,把杨振宁叫到跟前,像往常一样要杨振宁讲讲读书的心得。这时,小杨振宁傻眼了。当时记得清清楚楚的东西,现在一点儿都记不得了,自己可是真的读过那本书啊,怎么会这样呢?

"爸爸,你要相信我,我是真的读过你给我的那本书,可是我现在一点儿都记不得了。"杨振宁红着脸,吞吞吐吐地说。

"读书要认真啊,随便看一遍有什么意义呢?"爸爸叹了口气。

接下来的日子里,杨振宁一有空就把自己关在屋子里,认真读那本《龙文鞭影》。读完之后,他主动找到父亲,滔滔不绝地讲述着自己在书里看到的东西。

父亲等到他讲完,问了一个问题:"很好,你的确读得比上次认真多了。那我问问你,这次读了你有什么收获和感想吗?"

杨振宁愣住了。

看着杨振宁这副样子,父亲已经知道了答案,说:"读书是为了让书里的知识为我们思考服务,去为我们解决问题。光要背书,录音机就能做到,可是对我们的生活又有什么意义呢?真正的读书需要理解掌握,而不是做传声筒。"

杨振宁点点头,回屋再一次打开《龙文鞭影》,认真地读起来,边读边思考,果然有了许多真正的收获。

丁肇中：饿得好快的肚子

　　丁肇中从小就很喜欢读书，书籍给他展现了一个无比奇妙的世界，深深地吸引住了他。为了让自己学到更多的知识，更了解这个世界的奥秘，小丁肇中废寝忘食地读着书，生怕自己浪费了一点点时间。他还把"不叫一日闲过也"写成条幅贴在自己屋里，时刻提醒自己。

　　一次，妈妈要出门拜客，走之前做好了午饭。她知道儿子一看起书来的入迷劲儿，走之前特意叮嘱说："饭我已经做好放在厨房了，你只要热一热就能吃了。"

　　小丁肇中听见妈妈说话，随口答应了一声，摸摸肚子，好像还不太饿，于是就说："我知道了，一会儿就去吃。"

　　妈妈放心地走了，晚上回来一看，饭菜竟然还好端端的放在那里。妈妈知道孩子肯定是又读书入迷忘记吃饭了。

　　"孩子，你饿坏了吧。"妈妈一边摇头叹息，一边笑着来到小丁肇中的房间说。

　　"妈妈你这么快就回来了啊。"小丁肇中这才从书里抬起了头，突然想起了什么似的说："我真的好饿，妈妈你怎么知道？"

　　妈妈用指头点了一下小丁肇中的额头说："傻孩子，你又忘记吃饭了，书就这么好看吗？"

　　"哎呀，都晚上了！"小丁肇中这才看见窗外天都黑了，不好意思地笑笑："难怪，我还说今天肚子饿得好快呢。"

　　妈妈连忙热好饭菜，看着小丁肇中香香地吃下去。小丁肇中一边吃，一边说："虽然我今天饿了肚子，不过看了很多书呢。妈妈，我以后一定要做个大科学家。"

　　看着孩子稚气又坚定的样子，妈妈感到欣慰。果然，丁肇中实现了自己的话，靠着自己的不断努力，不但成为了科学家，还获得了诺贝尔奖。

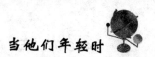

一切靠自己的崔崎

崔崎出生在一个偏僻地方的贫穷家庭里。从小崔崎就显露出了和别的孩子不一样的聪明才智，他的妈妈很希望孩子能摆脱世世代代做农民的命运，所以不顾周围的人议论，把崔崎送到迁居到香港的姐姐家去，希望有一个好的环境供崔崎成长。

姐姐很疼崔崎，尽管自己家里也不富裕，还是尽可能供崔崎上学。崔崎也非常争气，一直是品学兼优的好学生，小学毕业的时候以极其优良的成绩，考取了一所知名的私立中学。

可是就在这个时候，姐姐家里的经济出了问题，原本就不宽裕的生活更加捉襟见肘。于是找到崔崎说："家里的情况你多少也知道一点儿，姐姐没用，不能再供你读书了，希望你不要怪姐姐。"

崔崎很难受，不过他是个懂事的孩子，知道姐姐为自己付出了很多，也就默默地点头，不再提这件事。

过后的几天，崔崎一直闷闷不乐。姐姐看在眼里，痛在心头。可是这天，崔崎却一脸笑容地跑到姐姐跟前说："姐姐，我靠自己也能读书啦。"

原来，这所私立学校为了鼓励大家学习，设立了高额奖学金，足够支付学费。小崔崎成绩不错，只要能努力得到奖学金，就可以一直读下去。

"这样很好，姐姐帮不上忙，一切就看你自己了。"姐姐高兴地说。

从此，小崔崎更加刻苦地学习，这分努力也有了回报。全年级160多名学生，他的成绩从来都是名列三甲，稳获奖学金。加上他尊敬师长，团结同学，老师们都很喜欢他，每年都给他"家境清贫，学费减半"的评语。

就这样靠着奖学金，小崔崎不但读完了中学，还到大学深造，最后获得芝加哥大学的博士学位。

老丢行李的孩子李政道

李政道出生于上海的一个名门望族。小时候他的最大爱好，就是读书，还喜爱摆弄无线电。他视书如命，一天到晚手不释卷，连上厕所都带着书，有时还会闹出书带了，手纸却没带的小笑话出来。

这么爱看书的他，遇到坐火车这么长的时间，不看书就太浪费了。于是，李政道每次坐火车除了衣物用具，还会带上好几本书，找到座位安顿好就马上掏出来读个痛快。

可是李政道读书太专心了，全心全意沉浸在书里的世界，火车上发生什么事情一点儿不知道，常常在到站的时候发现行李被小偷偷走了。

为此，每次坐火车，爸爸妈妈都要叮嘱："政道，这次可别看书了，一定要把行李看好啊。"

李政道也答应："这次我一定不看书，绝不让可恶的小偷偷走行李。"

到了火车上，干坐着的李政道觉得好可惜，时间就这么白白地浪费了，要是能把这些时间用来看书能学到多少知识啊。于是，他情不自禁地掏出一本书，心想：我留神行李不让它被小偷拿走不就成了吗？

可是，李政道读书太专心了，开始的时候还能提醒自己过五六分钟就看看行李，到了后来，全部精神都被手上的书吸引了，哪里还记得照看行李呢？到了站，他发现行李架又空了，行李不知什么时候又被偷走了，李政道只好空着手下了车。

好在这种事情不是第一次发生，李政道熟练地给哥哥打了电话叫他来接自己。在等哥哥的时候，他居然又拿出书本聚精会神地读开了，让满头大汗赶来的哥哥哭笑不得。

李政道就这么抓紧时间，一本又一本地看啊想啊，23 岁就成了博士，后来还得了诺贝尔奖。

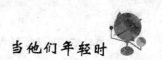

不喜欢说话的闷葫芦爱因斯坦

你相信吗？伟大的科学家爱因斯坦小时候，并不聪明。三岁多了，他还不会说话，爸爸妈妈担心他是哑巴，还带他到医院检查。直到九岁，小爱因斯坦说话还结结巴巴，令一家人十分担忧。

因为每说一句话，爱因斯坦都要花费很大力气，所以他每说一句话，都经过一番深思熟虑，显得格外认真。小爱因斯坦不喜欢像别的孩子那样，打打闹闹、跑来跑去玩战争游戏，他喜欢一个人静静地待着，凝望着湖水或者地上的蚂蚁。

一次野餐聚会，有位亲戚带着讥讽的语调对他妈妈说："你看爱因斯坦，可真是个闷葫芦，大家都在玩，就他一个人闲着。"

他妈妈认真地说："他在思索问题呢，总有一天，他会成为一名教授的。"

亲戚心里嘀咕着：连话都说不流畅的孩子还想做教授？那可是聪明人才能做的。他没想到，后来爱因斯坦不但做了教授，还成了著名的科学家。

有时，爱因斯坦的话也会多起来。

由于他卧病在床，爸爸给他一个罗盘解闷。爱因斯坦惊奇地发现，不管自己怎样转动，这个小盒子里面的指针都指着同一个方向，这个现象深深地吸引了小爱因斯坦。他一改平时的沉默寡言，缠着爸爸问了好多问题，一定要他把这个现象解释清楚。

尽管他连"磁"这个词语都结结巴巴地说不好，他还是坚持要知道为什么罗盘会一直指着同一个方向。

一遇到问题就要打破砂锅问到底，认真思考的习惯，让爱因斯坦的学识很快超过了同龄人，甚至长辈。慢慢地，他开始向更高深的问题进攻。

缪勒：最棒的笔记

缪勒出生在德国，从小就对如何把事情做得更快、更好十分感兴趣。上中学后，课业开始加重，老师的笔记越来越多，大家一上课就抄啊抄啊。但是老师讲课速度很快，总是有同学来不及记下所有的笔记，只好下课寻找记下笔记的同学补全遗漏的内容。

慢慢地，同学们发现缪勒的笔记记得又详细又清楚，上面还有许多老师板书上没有的批注和思考，都乐意向他借笔记来抄。

可是，有时候，缪勒的笔记上有许多看不懂的符号，同学们只好一次又一次地去问，问得多了，他们发现这些符号挺有规律的，有些符号固定地代表着一些意思。他们感到好奇，就去问缪勒。

缪勒笑着说："这就是我记笔记快的法宝啊。用简单的符号表示复杂的意思，一句原本需要写上百个字的话可能十几个符号就可以表达清楚，记起笔记来就快得多了。"

同学中有人说："那你教教我们怎么发明速记符号吧。"

缪勒回答道："其实没有什么特别的方法，我也是开始的时候随手做的记号，后来慢慢成了一个比较有系统的速记符号库。大家都可以自己发明，只要用起来顺手，简单好记就可以了。"

"可是，这样的话，我们大家互相都看不懂笔记了。"一个同学提出疑问。

"要不我们大家整理出一个通用的速记符号系统吧，"缪勒想了想，提议说："以我现在的速记符号为基础，大家再想想，统一一下。然后我们编一本小册子，大家都学，又能提高记笔记的速度，又可以互相交流。"

于是，大家齐心协力，很快制作出了速记符号系统。从此，大家上课记笔记的效率大大提高了。

一流的妇产科医生林巧稚

林巧稚是个聪明又有志向的孩子，但是那时候重男轻女，家里并不重视她。到了该上学的年龄，看见哥哥弟弟都背着书包高高兴兴上学去了，林巧稚非常羡慕。

进学堂能学到多少知识啊，林巧稚心想。于是她跑去缠着妈妈说："妈妈，让我也进学校念书吧，我一定会好好学习的。"

妈妈心软，经不起女儿的撒娇纠缠，最后还是答应了。

知道自己上学的机会来之不易，林巧稚学习起来非常刻苦，成绩一直名列前茅。老师们都很喜欢这个勤奋的孩子，不时在课堂上表扬她。

许多男同学不服气了，他们背后议论着："一个丫头，看她有多能?!"

一次，期末考试快到了，同学们都紧张地复习功课，课间休息时，巧稚和几个女同学在讨论问题。这时，几个男生朝着她们大声地叫着："这次考试可难啦，你们女生准要考'煳'，能及格就不错了。"巧稚听了"呼"地一下站了起来，理直气壮地说："女生怎么啦？女生照样拿第一。咱们比比看！男生拿 100 分，我就拿 110 分！"

为了这句话，巧稚加倍刻苦学习。别人看一遍书，她就看三遍书，别人做一道题，她就做 10 道题，别人 9 点钟睡觉，她却要到深夜 11 点或 12 点钟睡，样样都要比别人多花工夫。考试完了，成绩一公布，林巧稚果真拿到了全班第一名。男生不得不佩服地说："林巧稚真行！"

以后，巧稚自己说的这句话深深地刻在她心里，样样都要拿"110 分"，样样都要比男生强！她靠着顽强的毅力、刻苦的精神，不断进取、努力奋斗，终于成为我国第一流的妇产科女专家。

朱棣文：自己的路，自己选

朱棣文出生在一个可谓科学世家的家庭中，父亲朱汝瑾是当代科学家，母亲李静贞也卓有建树，家族中有着 12 个博士和硕士。受这样的家庭氛围的影响，朱棣文从小就喜欢科学研究。

小时候，朱棣文很喜欢画画，画的画也很有灵气，在学校小有名气。父亲很高兴，希望他把特长发挥在今后的工作上。

"以后就做建筑师吧，那是一份好职业。"父亲希望儿子拥有一份稳定体面的工作。

"建筑师？不，爸爸，我想将来做物理学家。"小朱棣文说出了自己的想法。

父亲很吃惊儿子的志向："学物理是无法生存的。"

"可是我喜欢物理啊。"小朱棣文眨着眼睛认真地说。

父亲很不喜欢儿子的这个选择，在他看来，物理学家又苦又累，收入也不高，他不希望儿子走这条道路。可是他没有明说，只是不置可否地沉默了。

他还太小，以后就会明白怎样选择职业，父亲心想。

可是，年纪大些了的朱棣文并没有按照父母的期望，更改自己的职业选择，反而对物理入迷了，成天沉迷在和物理有关的书籍中，有时还会自己动手试验一下。上高中后，他更发现物理的惊人之处：自己的很多思想都可以通过物理来证明。

"这实在是太有趣了，实验是最后的裁决者。"小朱棣文心想，于是越发地爱好物理。父母看着他如此坚定，也就不再去改变他的想法，反而为他的学习研究提供了许多帮助。

尽管没有按照父母的期望成为一名建筑师，但数年后，朱棣文按照自己选择的道路前进，取得了辉煌的成就，于 1997 年获得了诺贝尔物理学奖。

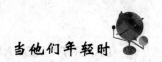

滴水穿石的后进生童第周

　　从小，童第周就有着强烈的好奇心，喜欢观察周围的事物，看见新奇有趣的事物就会追根问底。

　　一次，他看见屋檐下的台阶上有许多小坑，整整齐齐地排成一行。这是干什么用的呢？

　　童第周想不明白，马上跑去找来爸爸，指着那排小坑说："爸爸，这些小坑是谁敲的呢？用来做什么的啊？"

　　爸爸笑了，摸着童第周的头说："傻孩子，那不是人敲出来的。"

　　"没人敲怎么会这么整齐呢？"童第周皱着眉头说。

　　"你看上面的屋檐，"爸爸指着屋檐说，"每次下雨，水从上面滴下来，就敲出了这些坑。"

　　"台阶是石头做的，这么硬，怎么会被雨水敲出坑呢？"童第周打破砂锅问到底。

　　"一滴雨水是敲不出坑，可是日子一长，一滴一滴的，慢慢就敲出坑了，而且还会越来越深呢。这就是古人所说的滴水穿石啊。"爸爸耐心地解释。

　　这个故事在幼年的童第周心中深深地扎下根。雨水只要坚持不懈，连石头做的台阶都能敲出坑，人要是有恒心，什么事办不到呢？知识一点一点地累积，肯定也能越来越多，我要做个学识渊博的人。

　　从此，童第周在学习上用上了"滴水穿石"精神。当他刚考进省内著名的中学时，底子没有其他同学好，成绩一度排在班上倒数第一。童第周伤心极了，发誓一定要把成绩搞上去。于是，童第周每天都很晚回寝室，在路灯下面学习。

　　慢慢地，他把比别人差的地方一点一滴补了回来，期末考试的时候成绩有了大幅度提高。到了高三，他已经是年级第一名，最后考上了复旦大学，踏出了科学研究的第一步。

李远哲：写满答题思路的卷子

李远哲出生在台湾，良好的家庭环境，使他从小有更多的机会接触各方面的学问。在各种思想的冲击下，李远哲养成了什么都靠自己思考得出结论，并且尽力寻找问题解决的多种方法。

初中的时候，李远哲除了把老师课堂上讲的知识牢牢掌握外，还自学了不少更高深的课程。一次考试，他每道题目都至少用了三种解题方法进行计算，卷子所有空白的地方都密密麻麻地写满了。

老师批改试卷的时候吓了一跳，他知道李远哲成绩好，可是这张试卷上运用的解题方法，好多都是大学才学的知识。

想了想，他故意给了李远哲零分。

果然，一会儿李远哲就跑到办公室来了，不服气地对老师说："老师，我明明做对了，为什么给我零分？应该给我一百分啊。"

老师看着李远哲说："你这几道题的确做对了，可是我考试是为了检验大家，有没有听懂课堂上所学的知识。你这样答题，我怎么知道你是不是掌握了呢？"

李远哲说："那些知识都懂，就是因为懂了我才不用，希望用新的方法来解题。"

老师说："那你准备一下，下节课由你来给大家讲讲你的解题思路。如果大家都赞成，我就给你打一百分。"

上课了，同学们端端正正地坐着，李远哲大步走上讲台说："同学们好，今天由我来给大家讲几种新的解题思路。"然后开始边写板书，边讲解。

同学们大开眼界，对李远哲十分佩服："哎呀，这种方法真简便！"

"我怎么就没想到呢。"

"我也要向他学习，多学点知识，多想几种解题方法！"

看着这一幕，老师满意地笑了，提起笔在李远哲的卷子上写了一百分。

居里夫人：背后的凳子

居里夫人小时候名叫玛丽，父母都是收入有限的中学教员，家里有五个孩子，经济十分窘困。但父母深知知识的重要性，依旧把他们送去念书。

玛丽很珍惜这个来之不易的机会，从上小学开始，她每门功课都考第一名，课堂上专心听讲的认真态度无人能及。回到家，除了帮爸爸妈妈做力所能及的家务，玛丽抓住一切时间学习，常常捧着书一坐就是半天，不管周围多么吵闹，都不能把她的注意力从书本上移开。

一天下午，玛丽又坐在窗台前看书，姐姐们和她们的同学在旁边玩耍。

"玛丽，过来和我们一起玩吧。"姐姐招呼小玛丽。

"我在看书呢。"小玛丽头也不抬地回答。

于是，姐姐和同学们就在她身边唱歌、跳舞、做游戏，嘻嘻哈哈笑成一团，可是玛丽连眼睛都没往这边瞟一下。

"她真的这么专心，假装的吧？"一个同学说。

"要不我们试试。"另一个出主意。

他们悄悄地在玛丽的身后搭起几张板凳，只要玛丽一动就会掉下来，好吓她一跳。

可是一分钟过去了，两分钟过去了，十分钟过去了，一小时过去了，那凳子依然好好地垒在玛丽身后。

从此，姐姐们对玛丽十分佩服，不再在她看书的时候做恶作剧了，还特意放低声音怕影响了她学习。

抓紧每一分钟专心学习，使得居里夫人的知识广博又牢靠，为后来发现镭元素，成为世界著名女科学家打下了良好的基础。

爱迪生：我也要孵小鸡

　　爱迪生是家里七个孩子当中最小的一个。出世以后几乎从来不哭，总是笑眯眯的，两只灰色的眼睛亮晶晶的，头显得特别大，一看就知道这孩子聪明。

　　小时候，他是一个不讨人喜欢的学生，成绩平平，却老喜欢问一些老师答不上来的怪问题，在常人眼里，是个"笨孩子"、"怪孩子"，而他在生活中也常常做一些"笨事"、"怪事"。

　　有一次，他发现家里的母鸡一动不动地待在窝里，感到很奇怪。

　　"哦嘘，哦嘘！"爱迪生哄着母鸡，却发现怎么赶也赶不走。母鸡是不是病了呢？想到这，小爱迪生连忙连蹦带跳地跑去告诉妈妈。

　　妈妈笑了，说："母鸡正在孵蛋呢。"

　　"孵蛋就要一动不动吗？"爱迪生好奇地问。

　　"母鸡是怕动了蛋会着凉。你想想，妈妈要是抱着你，你是不是也会觉得暖和，一松开你就感到冷呢？"

　　"原来是这样啊。"小爱迪生若有所思地走开了。

　　该吃晚饭了，妈妈不见爱迪生回来，便四下寻找，直到傍晚才在场院边的草棚里发现了爱迪生。

　　妈妈见他一动不动地趴在放了好些鸡蛋的草堆里，就非常奇怪地问："你这是干什么？"

　　爱迪生不慌不忙地回答："我在孵小鸡呀！"

　　妈妈一看大笑起来，说："人是孵不出小鸡来的。"

　　"为什么母鸡能孵小鸡，我就不能呢？"

　　妈妈便把人不能孵小鸡的原因讲给他听。

　　爱迪生从小就这样好奇心强，凡事都要自己试试，结果一生中竟然试出了两千多项发明。我们现在用来照明的电灯，就是爱迪生试了1 600种材料，才选出最合适做灯丝的原料。

高斯：从 1 加到 100

高斯是有名的数学家，他在数学上的天分很早就表现出来了。

他的父亲是一个泥水匠，每天晚上都要清点自己今天挣了多少钱，花了多少钱，然后记在账本上。有时候，他把高斯抱在膝盖上记账，小高斯就出神地盯着账本，小眼睛滴溜溜地转。

一个晚上，父亲又抱着高斯做账，突然，高斯对父亲说："爸爸，你这里算错了。"

"别闹别闹，一边玩去。"父亲知识不多，本来就看着账本心烦。他想，高斯才三岁，好多孩子在这个年龄数数还数不清呢，高斯就算比别的孩子聪明，也不可能知道怎么计算啊。

"真的错了，"高斯不肯走开，还用手指着账本的一处说，"爸爸你看这，就是这。"

父亲拗不过小高斯，只好顺着看去，一看大吃一惊，自己真的算错了。小高斯不但会计算，还是用心算算出了得数，发现了自己的错误，真是了不起。

高斯十岁的时候，一天，老师出了一道题：从 1 加到 100 是多少。所有的同学马上埋头苦算起来。原以为同学们会算很久，不料刚过一会，一只小手就举起来了："老师，我知道答案了。"

老师一看是高斯，以为他在捣乱，略带嘲讽地说："好啊，你就站起来大声说出答案吧，让全班同学都听听。"

"答案是 5050。"小高斯说。

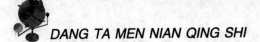

　　老师惊讶了。高斯怎么会在这么短的时间内做出正确答案呢？他连忙问高斯是怎样计算的。

　　"我看 1 加上 100 是 101，2 加上 99 也是 101，1 到 100 一共是 50 个 101，总数是 5050。"高斯解释说。

　　老师惊呆了，这么巧妙的算法怎么就让这样一个小孩子想到了呢。从此，他开始重视高斯在数学方面的才华，买了不少高深的数学书给他。

　　随着年纪的增长，高斯的数学天分也越来越显著，终于成为著名数学家。

引发学校改革的孩子薛定谔

喜欢读科幻作品的同学，听说过薛定谔以及他那只著名的"猫"吧？

薛定谔出生在维也纳，那时的宗教风气特别浓厚，学校都开设有宗教课程，学生从小就要接受这方面的教育。

可是教义的语言往往非常深涩，老师也照本宣科，除了对宗教非常感兴趣的学生，大家都感到学不进去。每次宗教课的时候，往往是老师讲得兴致勃勃，学生在下面昏昏欲睡。

薛定谔感到这样不太对劲。下课了，他就问老师："老师，请问你真的相信刚才讲的那些东西吗？"

老师很奇怪："你问这个干什么？"

薛定谔就缠着老师非要他回答，每个老师都被他问过了。有的老师不耐烦，认为他是在捣乱，就告到校长那里。

校长把薛定谔找来问他："听说你不满意上宗教课老师，故意问他们一些难以回答的问题来嘲笑他们？"

"我对老师的人品和水平都没有什么意见，"面对威严的校长，小薛定谔从容地回答，"我只是觉得现在的教学方式不太对头。"

"你觉得哪不对呢？"看着面前这个一脸老成的孩子，校长开始感兴趣了。

"我们很多同学并不真正信仰宗教，我们学习的东西并不是我们感兴趣的，对我们的生活也没有什么作用。不如取消这门课程，教一些宗教文化历史方面的东西，反而有助于我们开阔眼界。"小薛定谔侃侃而谈。

校长觉得很有道理，考虑了很久，对学校的教学进行了改革。宗教课目分成具体的几种，有针对信仰宗教同学的，由真正的教士教授教义的课程，有针对宗教历史感兴趣同学的文化课程……

大家都可以选择自己感兴趣的科目，上课的效率也大大提高了。

理查德·罗伯茨：校长的纸条

理查德·罗伯茨小时候非常聪明，学习成绩不错，大家都很喜欢他。可是小孩子总有一点儿贪玩调皮，小罗伯茨也是这样。

一天开会时，老师们说起自己的担心：要是小理查德养成贪玩习惯，以后聪明不用在正道上，那一棵好苗子就给毁了。一时间，大家议论纷纷。

这时候，校长讲话了："这件事就交给我吧。"

放学后，小理查德正在收拾书包，校长突然走过来。悄悄递给他一张纸条，神秘地冲他笑笑离开了。

小理查德很奇怪，到底发生了什么事呢？他展开纸条一看，原来是一道智力题目，似乎涉及课堂上没学到的内容。校长想考考我呢，他想。

小理查德觉得很有意思，边走边琢磨着，回家也顾不上玩，查了不少资料，想了很久，直到做出来才去睡觉。

第二天，小理查德找到校长，一脸自豪地把答案递给他。校长看着答案点点头，又掏出一张小纸条递给小理查德。小理查德笑笑："我一定会做出来的。"

此后，校长常常悄悄递给小理查德一些题目，要是小理查德做出来了，他会表扬几句，然后拿出一道难一些的题目，要是做不出来，他就会放学后把小理查德叫到办公室讲解。

小理查德觉得这件事情非常有意思，不肯服输的劲儿上来了，总是绞尽脑汁不被校长的题目考倒，平时有空也自觉地多看书学习，为下一道题做准备。到后来，每天学习看书已经成了习惯，反而觉得嬉戏玩闹没意思。

许多年后功成名就的理查德回忆这一切，非常感激校长，是他的纸条让自己养成了受益一生的习惯。

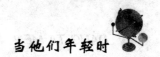
从文盲到最伟大的电学家法拉第

　　法拉第出生在伦敦。父亲是个铁匠，靠做些手工卖钱，因为工作过度劳累，本来身体虚弱的他，便常常卧病在床，使得本来就贫穷的生活更加窘困。由于家境贫寒，吃不饱饭在法拉第的童年是常事，更谈不上支付高昂的学费，到学校接受正规教育了。

　　11 岁的时候，法拉第找到一份报童的工作。他很喜欢这份差事，因为在卖报纸的闲暇，他可以看各种各样的报纸。就这样一边卖报，一边从报上汲取知识。从认识字母开始，渐渐地，法拉第摘掉了文盲的帽子。

　　为了学到更多的知识，法拉第到一家印刷厂谋了个图书装订学徒工的职位。装订工作很累，法拉第却欣喜异常。这里简直是书的海洋啊！对于渴求知识的法拉第，这无异于一顿丰盛的美餐。

　　于是，法拉第边装订图书，边阅读上面的文字，闲时就抱着新装订好的书籍看个不停。有时甚至在送货的路上，他也边走边看。大家都很喜欢这个好学的青年，不但工友推荐自己装订的书给他，老板也允许他下班把书带回家看。

　　就这样，几年时间内，法拉第阅读了文学、艺术、物理、化学、天文、地质等各方面的多种著作，懂的知识越来越多。他发现自己特别喜欢力学和电学方面的知识，常常感到有记笔记的必要。没钱买笔记本，法拉第就用印刷厂的废纸订成本子，摘录各种资料并附上自己的思考。

　　一个偶然的机会，法拉第认识了著名化学家戴维，戴维对他的才学极为欣赏，决定招他做自己的助手。从此，法拉第进入了科学界，开始向世人展露他的才华。

哥白尼：小小问题虫

哥白尼的爸爸是一个波兰商人，由于经商致富，被委任为托伦市市长，母亲家里的亲戚也不缺富有显贵之人。哥白尼的爸爸常常举办一些聚会，邀请城中的富商政客、文艺名流来家里做客。

这些知识渊博、经历丰富的人在宴会上谈笑风生，海阔天空地交谈着各种话题。客人们讲述的故事真好听，原来这个世界这么有趣。这些引起了小哥白尼对这个世界的好奇心，他开始了孜孜不倦的探索。

从此，小哥白尼就成了有名的"问题虫"。在学校，他问老师，常常在课堂上问得老师回答不了，只好告诉他自己得课后翻书才能回答他的问题。

回到家，爸爸妈妈又成了他问问题的对象，时时能听见他在问："妈妈，小鸡怎么不是从母鸡的肚子里出来，而是从鸡蛋里钻出来呢？"

"爸爸爸爸，请你告诉我，太阳为什么老是从东边升起，晚上又在西边落下呢？"

这些稀奇古怪的问题，让哥白尼的爸爸妈妈穷于应付，只好叫他请教更有学问的人，还买了许多书给他看，让他从书里找答案。

各种书籍里，哥白尼最感兴趣的就是天文方面的书，为了弄懂太阳是什么，星星又是什么，哥白尼常常抱着书一看就是半天，遇上不懂的生词就追着爸爸妈妈问。小小年纪，他对天文学的知识已经相当丰富了。

长大之后，哥白尼投身于天文学的研究。经过长期的天文观测和研究，哥白尼指出了当时"地球中心说"的错误，创立了更为科学的宇宙结构体系——太阳中心说。

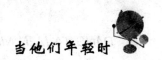

范特霍夫：实验室的浓雾

范特霍夫生于荷兰，父亲是当地一位有名的医生，非常受人尊敬。

范特霍夫上学后的，看见老师在课堂上做试验，一会儿火光四溅，一会儿水里面有了晶体，一会儿红色的金属棒上面镀了一层银。这些试验真是太有趣了，小范特霍夫简直着了迷。他想：要是我自己能亲手做一下这些试验该多好啊。

一天放学，小范特霍夫从实验室外经过，看见里边没有人。一个念头突然出现在他脑子里：要是我现在爬窗户进去，没人会发现，可我就能自己亲手试一试了。

于是，小范特霍夫爬着窗户进到实验室，拿起器具和试剂，开始按照记忆中老师在台上操作的步骤做起试验来。

开始一切都进行得很顺利，看着一个又一个神奇的现象在自己手下诞生，小范特霍夫非常激动。可就这一激动，手底下就疏忽大意了，一个步骤没做对，实验室里浓烟滚滚。小范特霍夫吓得手忙脚乱。

浓烟引起了老师的注意。他来到实验室，看见正在做试验的小范特霍夫。他惊奇地发现，这个孩子竟然把自己在课堂上做的试验，全部重复了一遍，几乎没有错误。本来他想狠狠地批评这个擅自跑进实验室做试验的学生，可是现在气消了，反而非常欣赏这个学生。

但是学校的规矩不能破，老师还是把小范特霍夫带到他爸爸跟前。小范特霍夫的父亲对于儿子偷偷进实验室的违规行为非常生气。

可是，老师却为他说了不少好话，他父亲的气渐渐平了，热爱医学的父亲，不久找了一个空房间作为小范特霍夫的实验室，还为他买了不少试验用具，小范特霍夫不必再爬窗户去做试验了。

霍奇金：闪闪发光的石头

霍奇金生在埃及开罗，爸爸是考古学家，妈妈是植物学家。良好的家庭氛围使得霍奇金从小爱好科学，喜欢读书。

十岁的时候，霍奇金第一次接触到了化学。也许女孩儿都喜欢美丽的事物吧，晶莹剔透的晶体，颜色漂亮的溶液，五光十色的火花都深深地吸引了霍奇金，她爱上了化学。

由于当地的风俗，女孩子教育不受重视，往往上学学一阵基础知识就去学习家政。到了高年级，和霍奇金一起上化学课的只剩下一个女孩，班级几乎是男孩的天下。男孩子们时不时嘲笑这两个女孩。

霍奇金不理会这种无聊的嘲笑，专心学习，考试成绩出来之后，那些嘲笑女孩子不如男孩子聪明的同学傻眼了，霍奇金的分数比他们高好多。

慢慢地，班级里无聊的嘲笑少了，大家都很佩服霍奇金，常常请教她一些问题。

一天，霍奇金在花园里玩耍，突然看见水池里一块儿黑色的石头闪闪发光。为什么石头也会发光呢？霍奇金感到好奇，于是捞起这块儿石头去找她的大朋友——约瑟夫叔叔。

约瑟夫是一位化学家，是霍奇金父亲的朋友，常到他们家做客。约瑟夫叔叔很喜欢聪明好学的霍奇金，对于化学的爱好更使两人志趣相投，于是两人成了忘年交。霍奇金来找约瑟夫就是为了借用他的实验室来化验这块会闪光的石头。

开始，霍奇金用自己知道的方法化验

了一阵，得出结论。约瑟夫看看觉得不正确，要霍奇金重做一遍，自己在旁边监督，有错的地方好指出来。重做后，终于得出了正确答案。霍奇金非常高兴，自己终于知道石头为什么闪光了，而且还学到了正确的化验方法。

后来，约瑟夫还送给霍奇金一套化学实验用品，霍奇金就从那里开始了她的科学研究。

不举办生日晚会的孩子卡尔文

卡尔文的父母希望孩子健康成长，有个好身体，于是常带他到户外运动，接触大自然，每年也会带他出去旅游。于是卡尔文养成了亲近自然，爱好旅游的习惯，开始是爸爸妈妈带他出去玩，后来就是他要求父母带他去公园散步，去河边玩耍了。

有一年，家里经济情况不太妙，父母告诉卡尔文需要缩减开支，不能带他每个假期都出去旅游了。不过父母理解卡尔文是多么热爱自然喜欢旅游，于是省出钱，问他愿意寒假还是暑假出去玩。

卡尔文为难了：冬季能看雪，能滑冰；夏天的阳光也那么诱人，可以游泳冲浪，放弃哪一个自己都舍不得。

想了一会儿，卡尔文说："爸爸妈妈，这样好不好。我不要零用钱，不要生日礼物，也不要你们给我举办生日晚会。这些钱我希望可以用在旅游上，还是每个假期都去旅游。"

父母还没来得及说话，卡尔文又说："或者你们可以借钱给我，我慢慢打工还给你们。"

对于一个孩子来说，零用钱是多么重要啊！而谁又不希望生日那天举办一个晚会，把小伙伴们都请来，痛痛快快地玩呢？打开生日礼物的那一刹那又是多么的惊喜。而这些，为了旅游，卡尔文都自愿放弃了。

父母很理解卡尔文的心情，决定支持他的爱好。他们提出：今后卡尔文只要成绩保持在班上前三名，就可以得到假期都出去旅游的奖励。同时还可以帮妈妈做家务、给弟弟辅导功课挣钱，积攒起来做短途旅行。

这下，卡尔文可高兴了，他成绩本来就好，努把力，肯定能进前三名。于是他拼命学习，每个假期都痛痛快快地出去旅游。

赫希巴奇从《儿童百科全书》开始

赫希巴奇出生在一个农民的家庭里，父母成天忙着挣钱养家，很少有时间陪孩子玩耍。可是他们一样重视孩子的教育，希望他长大成为有学问的人。于是省吃俭用，买下一套《儿童百科全书》。

对于这样的家庭，这本书的价格可算得上是昂贵，不过为了孩子的成长，再多的付出他们认为也是值得的。

这本书图文并茂，讲解生动有趣，小赫希巴奇就抱着读啊读啊。星星为什么一闪一闪的？大雁为什么往南飞？蛇为什么会冬眠？这套书给小赫希巴奇展示了一个神奇的世界，吸引他去做更多的探索。

百科全书里的知识已经倒背如流了，小赫希巴奇渴求更多知识的养分。他发现奶奶家订了一本《国家地理杂志》。这是美国一本相当有名的优秀刊物，每一期都汇集了各种各样的丰富知识，还配有精美的图片。

于是，小赫希巴奇开始盼望到奶奶家去玩。每次到奶奶家，他就抱着杂志不肯撒手，吃饭时也舍不得放下，总是三口两口吃完又去看书。

一次，小赫希巴奇拿起一期主题是天文的《国家地理杂志》。深邃的夜空，浩瀚的银河，一闪而过的彗星，沿着自己轨道转动的行星和恒星，这一切都深深地吸引了小赫希巴奇。他实在太喜欢这本杂志了，就把杂志带到学校里。可是一不小心，杂志丢了，小赫希巴奇急得快哭了。

在同学们的帮助下，终于又找到了杂志。这下小赫希巴奇可小心了，为了防止再丢掉心爱的杂志，他自己把杂志上的星图临摹下来，同时又自己记录下星图作为比较，开始了他第一次科学观察。

9 岁的医科神童豪塞

豪塞的家在阿根廷首都的海边，放学后，他和小伙伴们常常到海边玩耍。

一次，海滩上围了好多人。

"发生什么事情了？"一个小伙伴一面说，一面向那边张望。

"我们过去看看吧。"另一个小伙伴提议。

于是大家跑过去，发现了悲惨的一幕：一个人在海滩上病发，因为抢救无效，死在了那里。他的家人正在旁边痛哭，围观的人也感叹不已。

这一幕深深地震撼了小豪塞的心灵。他想要是医学再发达一点儿，那个叔叔就不会死了，他的家人不就不会伤心了吗？小豪塞暗暗地发誓：一定要学好医术，治病救人，决不要这样的惨事再发生。

小豪塞很聪明，在他 9 岁那年，著名的英吉利学院愿意免试招收他做学生。可是小豪塞想起了自己的志愿，要学医，而按照当时阿根廷的规定，学医必须参加统一考试。

轮到小豪塞考试了，考官们翻开他的成绩单，全是优。这么优秀的人啊！考官们感叹说，可是抬起头，眼前只是一个小孩子，脸上充满了稚气。

"你就是豪塞？"一个考官不敢相信地问。

"是的，我就是豪塞，我要考医学院。"小豪塞自信地大声回答。

考官们你看看我，我看看你，大家都觉得这事太悬了，要知道医生的一举一动可是关系着病人的生命。才 9 岁的孩子念完医科也不过 13 岁，能放心他做大夫吗？

有个考官问："你为什么非要考医学院呢？"

于是小豪塞讲述了他亲眼看见的那一幕，然后说："我要学好本事，我要救人。"

9 岁的孩子有这样的志向，考官们都非常感动。他们又问了小豪塞许多专业问题，小豪塞都对答如流。随后的笔试，小豪塞更是以优异的成绩高居榜首，被录取为医学院学生。

多赛：晕倒之后爬起来

多赛的父亲是当地有名的医生，很受人尊敬。多赛小时候心灵手巧，父亲很希望多赛能继承自己的事业，成为一名医生。

可是，多赛不喜欢当医生。只要一看到那些鲜血和伤口，他就觉得很不舒服。于是他总是找借口不到医院去，学起理论知识来也是没精打采的。

父亲看见他这样很失望，但是又觉得多赛在医学上很有天赋，人又聪明，还是希望他能振作起来。

一次，父亲叫多赛来到办公室"今天我正好有个手术，你进去看一下。现在你去准备，一会儿我叫你。"

一会儿，多赛穿着隔离服，和医生护士们一起走向手术室。一起观摩的还有好几个实习生，能看到多赛父亲这样有名的医生主刀手术，大家都很兴奋，只有多赛盘算着怎么消磨这几个小时。

手术进行到一半，多赛的父亲开始向实习生们讲解。看见多赛躲在一旁，就说："多赛，你过来，看看这是什么。"

多赛本想躲在一边，可父亲这么一喊，不得不过去。一看见手术台上血淋淋的伤口，他突然眼前一黑，竟然昏过去了，大家连忙七手八脚把他抬出手术室。

多赛醒来后，发现大家都用异样的眼神看自己，似乎还有人在背后指指点点的，说爸爸这样能干，孩子却是孬种。他非常羞愧，觉得自己给父亲丢了脸。于是暗自发誓：我一定要做出一番成绩给你们看看。

从此，多赛像变了一个人，开始用功研读医学，而且克制住自己的不良反应观摩手术。很快，他的胆子就变大了，慢慢地对鲜血也不再有反应，最后，他终于扬眉吐气，成了一名医学家。

波尔：聪明孩子"死脑筋"

波尔小时候其实很聪明，可是因为做事非常认真，常常被人认为是"死脑筋"、"笨孩子"。

波尔上小学的时候，一天，妈妈正在做家务，突然发现院子篱笆那里有一个小孩儿。定睛一看，咦，这不是小波尔吗？怎么不上课跑回家来了呢？

想到小波尔可能是逃学了，妈妈非常生气，准备好好教训小波尔一顿。

"十七，十八，十九……"小波尔一点儿都没觉察到妈妈来到了自己的面前，他专心致志地数着院子的篱笆。

"你在干什么呢？怎么不上学了？"妈妈看见小波尔奇怪的举动，疑惑地问道。

"我正在数篱笆呢。"小波尔回答说。

原来，今天上美术课，老师要求大家画自己家的花园。别的小朋友拿起笔马上刷刷地画开了，只有小波尔双手托腮，咬着笔杆发愁。小波尔做事认真，他实在记不清自己家的篱笆到底有多少根了，也就没法画下去。最后，小波尔只好向老师请假，要回去数清楚再回来画画。

一开始老师不同意，说："你随便画画不就好了吗？老师不是想知道你家到底有多少根篱笆，而是想看你画出漂亮的图画来。"

可是小波尔坚持必须数清才能画画，老师也想起了关于小波尔的"死脑筋"传闻，只好答应了他。

妈妈看着小波尔，不知道该骂还是该笑，叹了口气说："快数吧，早早数完回去画画啊，妈妈等着看你的图画呢。"

回到教室，小波尔一丝不苟地按着自家花园的篱笆数画出图画，画面整洁清楚，得到了老师的表扬。

伦琴：窗户上的冰花

北方的小朋友都有这样的印象吧？一到冬天雪花飘飘的时候，窗户上就会凝结许多各式各样的冰花，晶莹剔透，十分美丽。可是你们想过冰花、雪花和水之间的关系吗？

一个飘着鹅毛大雪的冬天，小伦琴在窗户边看着外面的景色。可是一会儿，窗户的玻璃上就结了厚厚一层冰花，挡住了他的视线。

小伦琴连忙往窗户上呵气，冰花化成水滴落。可是慢慢地，窗户上又开始凝结冰花。小伦琴对这个现象感兴趣了：先是雪花飘在窗户的玻璃上，雪花越来越多，慢慢地变成冰线，冰线又重重叠叠的交织成冰花。

真好玩。小伦琴心想。于是他顾不上看窗外的景色，不断地呵气融化冰花，又看着它重新凝结。

一会儿，他又发现了一件有趣的事情：冰花融化了变成水流下来，雪花落在被自己呵热的玻璃上也会变成水。水为什么会有这么多的变化呢？可以变成窗户上的冰花，可以变成天上飘下来的雪花，可以变成雨水，可以变成露水。是什么力量让它们变成不同的东西呢？老是天上往下掉水，没人往天上送水，天上的水会掉光吗？

一系列的问题在小伦琴脑子里盘旋不去，于是他跑去向老师请教。老师告诉他，在不同的气温条件下，水就会有不同的形状，可以变成气体、固体和液

体。不光天上的水往下掉，地上的水也会变成气体往天上跑……看着小伦琴入迷的样子，老师告诉他可以到图书馆去，那里有许多关于这方面知识的资料。

小伦琴来到图书馆，被那里丰富的知识震撼了。从此，他有空就去图书馆，不懂就请教老师，很快他就超过了同龄人，成为班级中的佼佼者。

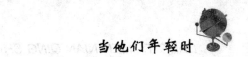

科学的代名词诺贝尔

诺贝尔出生于瑞典首都斯德哥尔摩，父亲是一位颇有才干的发明家，但由于经营不佳，屡受挫折。后来，一场大火又烧毁了全部家当，生活完全陷入穷困潦倒的境地，要靠借债度日。

为躲避债主，父亲离家出走，到俄国谋生，家里全靠两个哥哥在街头巷尾卖火柴维持生计。这样的家庭环境，加上诺贝尔从小体弱多病，很难像别的孩子那样享受快乐的童年，使得他养成了孤僻、内向的性格。

可是上帝关上一扇门的时候，肯定会为你打开一扇窗。这样的性格使得诺贝尔有很多时间来读书学习，别的孩子嬉戏的时候，他都是坐在屋里聚精会神地阅读。小小年纪，他的知识已经可以和很多大人媲美。

在他十岁的时候，全家迁移到俄国的圣彼得堡。由于语言不通，他和哥哥进不了俄国的学校，只好在当地请了一个瑞典的家庭教师，指导他们学习俄、英、法、德等语言和其他知识，父亲也常常教他们一些自己认为有用的东西。这样的学习环境似乎比学校的按部就班更加适合诺贝尔，他努力地汲取着各种知识，学识突飞猛进。

在父亲的工厂做助手时，凭着细心的观察和认真的思索，凡是他耳闻目睹的那些重要学问，都被他敏锐地吸收进去。后来出国进修回国后，他不仅增添了许多的实用技术，还熟悉了工厂的生产和管理。

正是凭着善于观察与认真学习，历经了坎坷磨难之后，没有正式学历的诺贝尔，却成为了伟大的科学家和发明家。

玩出来的科学家达尔文

达尔文出生在英国伦敦的一个小镇里，附近都是连绵不断的山和森林，小达尔文就在森林里自由地玩耍，抓小鸟、逮虫子和各种动物嬉戏，有时候直到天黑也舍不得回家。就是这种生活，养成了他热爱大自然的性格。

上学后，小达尔文依旧迷恋大自然，一放学就跑到林子里玩。他开始探索表面以外的东西，竭力要弄清楚各种植物的名称，各种动物的生活习性，一些自然现象的原因。

由于心思没太放在学习上，小达尔文的功课并不好，常常被老师批评。可小达尔文对学校那些拉丁文、希腊文一点儿兴趣都没有。他是寄宿学生，但是他却常常在校方每天两次点名之间的那一长空当里跑回家去，因为他在家里有自己的爱好和兴趣。他在家总要呆到最后一分钟才离去，为了不迟到，他只得拼命跑步去学校。

"你这样游手好闲是不行的！"父亲警告他说。

"我只是想做自己喜欢的事情。"小达尔文感到委屈。

看着孩子的样子，父亲叹息一声，没有再说什么。他是个比较开明的父亲，尽管一直希望小达尔文好好学习，长大后继承自己的事业，做一名医生。可当时他想，小达尔文能够成家立业，做一个有用的人就不错了。

幸好当年父亲没有粗暴地阻止小达尔文的兴趣，他才能专心地做自己喜欢的事情，并将之作为研究对象，提出了著名的进化论以及一系列成果。

穿大皮鞋的孩子布拉格

布拉格出生在英国一个贫民家里，尽管贫穷，父母仍然懂得知识的重要性，省吃俭用供他到寄宿学校读书。布拉格知道父母辛苦，这个机会来之不易，于是学习非常努力。一些富家子弟常常攀比新衣服新鞋子，他总是无动于衷，从不参与。

布拉格学习成绩很好，老师常常在班上表扬他。这引起了一些富家子弟的嫉妒，他们开始和布拉格做对。布拉格总穿一双破旧的大皮鞋，样式古老，非常不合脚。于是大家就开始说这双皮鞋是布拉格偷来的。

学校里的流言蜚语瞒不过学监的耳朵。得知自己学校的学生有偷东西的行为，学监非常气愤，他绝不允许这种有损学校声誉的事情发生，准备开除这个品德败坏的学生。

看到学监把布拉格叫去了，那些富家子弟在背后偷笑，这个讨厌的家伙终于要被开除了。

来到学监的办公室，布拉格看见学监盯着自己的大皮鞋，脸色铁青，心里知道是怎么回事了——那些讨厌的谣言被学监知道了。

问心无愧的布拉格昂首挺胸，迎着学监的目光走上去，递给学监一封信。学监疑惑地打开，慢慢地，他的脸色变得祥和。

原来，这封信是布拉格父亲写给他的，上面说："孩子真抱歉，希望过一两年，我的那双破皮鞋，你穿在脚上就不会嫌大了。我抱着这样的希望：等你一旦有了成就，我将引以为荣，因为你是穿着我的破皮鞋奋斗成功的……"

最后，学监向布拉格道歉，并且在后来的日子里，在生活和学习上都给了他不少帮助。

布拉格也没有辜负父亲的希望，这个穿着大皮鞋奋斗的穷孩子，最后获得了诺贝尔奖。

赫逊和大人"捉迷藏"

威尔逊不是一个顽皮的孩子，可偏偏喜欢和大人"捉迷藏"。他一看到感兴趣的事物就跑去研究，常常忘记告诉父母自己去哪儿了。

于是，他的爸爸妈妈只好沿着街问邻居："你看见小威尔逊在哪儿吗?"

"请问，我儿子在你家吗?"

久而久之，大家一听见威尔逊的父母走来就会说："看，威尔逊又和他爸爸妈妈捉迷藏了。"

一次，父亲带小威尔逊去听音乐会。演出开始了，父亲担心小威尔逊在剧院里乱跑、老是不放心地看着他。可是小威尔逊一动不动，专心盯着舞台。父亲心想是这美妙的音乐把他吸引住了，于是安心欣赏起音乐来，陶醉在优美的旋律里。

可是过了一会儿，演奏暂告一段落，父亲发现坏了：身边的座位空了，小威尔逊早不知跑哪儿去了。父亲慌了，没心思再听演奏，开始到处找儿子，可是哪儿也不见小威尔逊的影子。最后，他想起刚才威尔逊盯着舞台看，肯定是有什么东西吸引他，于是匆匆赶去后台。

果然，小威尔逊正盯着舞台用的彩灯发呆呢。看见父亲来了，他一点儿没想到自己乱跑会被责骂，反而好奇地问父亲："爸爸，这些灯为什么是彩色的呢?"

父亲找到了威尔逊，松了口气，他一向支持孩子多动脑多学习，也就没责怪他，牵着他的手说："走，咱们回去，爸爸一路走一路讲给你听。灯是彩色的，是因为里面有气体……"

长大后，威尔逊继续保持着这种旺盛的求知欲。一次，他在天文台上看见了阳光照在云彩上产生的奇妙景象，十分好奇，回去在实验室中不停地试验，想重现这奇景，最后发明了"威尔逊云雾室"。

盖尔曼：叔叔说错了

盖尔曼从小做事非常认真，一丝不苟，很少犯错误。当别人做错事情的时候，他也会马上指出来，毫不顾及对方的面子。

一次，叔叔依斯雷尔来他家做客。依斯雷尔常常在各地旅行，孩子们都很喜欢围着他，听他讲各种各样新奇的事情。

依斯雷尔看着不断提问题的小盖尔曼，觉得这个孩子又聪明又好学，十分喜欢。知道小盖尔曼喜欢搜集古代钱币，依斯雷尔掏出几个钱币说："这是提比略皇帝时候的硬币，我无意中得来的，现在送给你了。"依斯雷尔笑眯眯地望着小盖尔曼，以为自己的慷慨会得到感谢。

可是，小盖尔曼看了一会儿硬币，抬起头却说："叔叔你说错了，不是这个皇帝。"

当着大家的面被小孩子指责，依斯雷尔下不来台，讪讪地说："小孩子懂什么。"

"是真的，叔叔你看这里。"小盖尔曼认真地把硬币举到依斯雷尔眼前。

依斯雷尔一看，果然是自己说错了，不是提比略皇帝，而是另外一个。他不好意思地笑了，说："呵呵，的确是我错了，真是认真的孩子啊。"

在学校，盖尔曼挑别人的错也是出了名的，不管什么时候，只要他发现有不对的地方就会指出来。

被指出错误的同学非常不服气，可是往往一翻书查证都会证明小盖尔曼是对的。于是大家在他面前都小心翼翼，生怕说错了什么。

除了同学，盖尔曼发现老师讲课有错误，也会当堂指出来。于是上课的老师也非常小心，一边讲课，一边留心小盖尔曼的手是不是举起来了。

慢慢地，大家都很佩服盖尔曼的博学和他认真的态度，叫他"活大不列颠百科全书"。

得了诺贝尔奖的"焰火迷"布劳恩

布劳恩的父亲是德国农业大臣，对天文和火箭都非常有兴趣。耳濡目染，小布劳恩迷上了火箭，常常缠着父亲问这问那。

慢慢地，他开始懂得了火箭的原理，非常想自己试一试。他想，火箭是靠燃料燃烧获得动力，是不是只要有燃料，自己也可以制造一个火箭呢？

于是，他查阅了很多关于火箭的资料后，开始自己画图纸设计。这个小火箭的燃料就是节日放的焰火。小布劳恩把大号焰火绑在自己的滑坡车上，来到柏林的使馆区。

这里安静空旷，不怕火箭试验的时候误伤别人，也有足够的地方供火箭发射。小布劳恩爬到滑坡车上坐下，就要点火了，他的手微微颤抖。他知道，火箭发射后是很难控制的，而且自己做的火箭设计到底对不对，点火后会不会出问题，心里也有些疑虑。

不试试，就永远不知道自己的设计对不对！小布劳恩心一横，不再考虑安全问题，划亮火柴点燃了焰火。

只见一道火光从街道上飞过，然后一声巨响打破了社区的安静。居民们被惊醒，纷纷打开窗户，看是怎么回事。

只见街上浓烟阵阵，烟雾的中心处小布劳恩坐在滑坡车上，一副吓坏了的表情。

不一会儿，警察来了，原来是有人以为恐怖分子袭击报了警。警察问清了情况，教育了小布劳恩做试验要注意安全后离开。父亲气冲冲赶来，带走了小布劳恩，罚他不准离开书房，

小布劳恩倒也不觉得这个惩罚多么严重，趁机在书房读了好多书。

后来，小布劳恩还用焰火做了不少试验，他家的院子里常常可以看见施放的各种焰火，邻居们都叫小布劳恩"焰火迷"。没想到，这个"焰火迷"最后竟成了火箭专家，还得了诺贝尔奖。

吓了妈妈一跳的孩子波施

波施出生在德国一个普通家庭里，他父亲开了一家五金店，生意平平。

家里经济并不宽裕，给小波施的零用钱自然不多，买不起昂贵的试验仪器。为了实现自己的梦想，亲手验证书本上那些神奇的知识，小波施省吃俭用，一点一点地积攒着零花钱。同时，他还在课余时间到店铺和工厂里干点零工挣钱。

慢慢地，小波施手里有了四马克。在当时，这可是一笔大数字，可以供一家人生活半个月。

拿着这笔来之不易的"巨款"，小波施来到专卖试验仪器的商店。哇，货架上摆满了小波施梦寐以求的仪器。试管、烧杯、坩埚、烧瓶……琳琅满目，小波施的眼都看花了。

"这个，我要这个，还要这个，这个我也要……"小波施压制不住激动，指点着要售货员帮他拿所需的仪器。

反正我有一笔"巨款"呢。小波施想。

挑好满满一篮子试验用品，售货员拿来账单。看着账单，小波施脸都白了：十五马克八十芬尼，几乎是自己那笔"巨款"的四倍，一家人两个月的开销。可是他看看篮子里，都是试验需要的仪器，没有一件舍得放下。

他想了想，硬着头皮说："把账单送到我家去，我妈妈会付款的。"

看到账单，小波施的妈妈吓了一跳，这个数字也太大了。可是小波施在一旁苦苦哀求说："爸爸妈妈，这些仪器对我非常重要。"

这时候，售货员帮了小波施一个大忙，他恭维波施的爸爸是一位大老板，怎么会在意这一点小数目呢，何况又是给这么聪明的孩子买来学习的。

儿子和爸爸都受到这样的赞扬，小波施的父母十分高兴，爽快地付了钱。用这些仪器，小波施建立了自己的第一个实验室，开始走上科学研究的道路。

冯克里青：空空的水桶

冯克里青出生在德国一个小康家庭里，父母很重视小冯克里青的全面发展，除了督促他好好学习课本知识外，还常常带他出去接触大自然，培养各种兴趣爱好。

一个周末，爸爸给小冯克里青一根鱼竿和一个小桶说："走，爸爸带你去钓鱼。要是你钓的鱼能装满这个小桶，今晚我们就烧鱼吃。"

那还不简单，看爸爸钓鱼，一会儿就是一条。想到这，小冯克里青高兴地嚷嚷："今晚有鱼吃喽。"

来到小河边，爸爸开始教小冯克里青怎样上饵，怎样把钩放下水，怎么判断鱼上钩了。小冯克里青很聪明，加上以前看过很多次，不一会儿就学会了。

"开始吧，爸爸，我们来比赛。"小冯克里青自信满满地说。

开始时，小冯克里青眼睛一眨不眨地盯着鱼漂，可是老没鱼上钩，小冯克里青的眼睛都盯痛了。于是，他揉揉眼睛，开始四处张望。

这里的风景真不错啊，绿油油的草上开着好多不知名的野花，蝴蝶在花丛中飞来飞去。一只漂亮的花蝴蝶飞到小冯克里青跟前停住了，可是等他正准备捉，一扑闪翅膀又飞走了。

哼，我一定要抓到你！小冯克里青心想。

小冯克里青正跟着蝴蝶跑得欢，他的爸爸钓上了一条大鱼。

"哎呀！"小冯克里青连忙跑去看自己的鱼竿，发现鱼饵都被吃掉了，只好懊恼地换了新饵。

可是讨厌的蝴蝶又飞来了，引开了小冯克里青的注意。后来，抓累了蝴蝶的小冯克里青竟然睡着了，手里的鱼竿也掉进了河里。

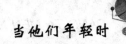

晚上回到家，爸爸提着满满一桶鱼，小冯克里青则提着空桶垂头丧气，爸爸语重心长地说："不管是钓鱼还是做其他事，都需要坚持。三心二意，什么都做不好。"

从此，小冯克里青不管做什么事情都非常认真，最后得了诺贝尔奖。

班廷不靠神仙靠自己

班廷出生没多久，他的妈妈就得了怪病。开始她还坚持打工挣钱，可是病越来越重，后来只能待在家里干一点儿轻活，最后只能躺在床上。

班廷的妈妈非常爱班廷，即使躺在床上也坚持喂班廷吃饭，教他认字，给他讲童话故事。小班廷也非常爱自己的妈妈，稍微长大一点儿就为妈妈端茶送水，天热了为妈妈打扇，天凉了帮妈妈掖被子。

上学后，小班廷也很少和同学出去玩，放学后总是快快回到家，边学习边陪伴妈妈。每周班廷都会到镇上给妈妈配药。虽然路很远，山路还很不好走，可是为了妈妈的病，班廷风雨无阻，每周都按时前往。

后来，班廷考上了多伦多神学院，老师教他们要相信神是万能的，只要虔诚祷告，神肯定会听到你的声音，满足你的愿望，赐福给你。

想到妈妈的病，小班廷虔诚地祈求神仙保佑他的妈妈。他多么希望上帝能听到他的祷告，把妈妈的病治好啊。可是，这样做一点效果没有，一年后，小班廷的妈妈还是离开了人世。

小班廷失望地发现：神仙一点儿用处没有，都是自欺欺人的把戏。于是，他离开神学院，来到医学院学习。他希望通过自己的学习，不让更多的孩子失去妈妈。

医学院的课业非常重，老师讲得又快又多，有的还非常深奥。同学们叫苦连天，只有小班廷从不抱怨。他把妈妈的遗像带在身边，每次觉得苦和累的时候就掏出来看看。

看着那熟悉的微笑，小班廷感到妈妈在天之灵也在鼓励自己，于是疲惫一扫而空，又精神百倍地投入到学习中去。靠着这股劲，小班廷在医学上取得了惊人的成就，为许许多多的人免去了病痛的折磨。

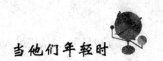

自学成才的现代化学之父道尔顿

道尔顿出生在英格兰北部一个贫穷的家庭里。因为家境困难，小道尔顿小学没读完，就辍学了。

离开校园，小道尔顿很伤心，可是为了不让父母感到内疚，他从不把失望挂在脸上，只是在干农活的空隙里，看几页好不容易到手的书，坚持自学。

村里有个叫鲁滨逊的人，知识渊博。他常常看见小道尔顿在田边看书，不由得对这个小孩子产生了好感，主动叫小道尔顿晚上去他家学习物理和数学。

从此，每个晚上成了道尔顿盼望的时间。温暖的烛光下面，他一点一点地聆听着鲁滨逊先生的话语。由于他的聪明和刻苦，很快就超过了在校的同龄人。

除了接受鲁滨逊先生的好意，小道尔顿也不断创造机会学习。

镇上有个名叫约翰·豪大的盲人学者，他两岁时患天花而失明，凭着坚强的毅力和出众的才智，通过自学，先后掌握了拉丁文、希腊文和法文，在数学、天文、医学、植物学等方面也颇有造诣，是远近闻名的学者。

道尔顿视他为学习榜样，主动登门拜师，跟他学习数学、哲学和拉丁文、希腊语。

通过不同的途径，抓住一切机会，道尔顿这个辍学的孩子在成年后进了大学做老师。在这所学校里，他仍然坚持一边努力工作，一边发奋读书，无论是数学、自然科学，还是哲学、文学的书籍，他都广泛涉猎。最后，他终于成为了大科学家，成就了一番事业。

德谟克利特：一本活百科全书

德谟克利特出生在希腊海滨城市阿布德拉。当时的阿布德拉是个大商埠，海外贸易发达，各地的商人往来频繁。

身处这样的城市，小德谟克利特自幼就见多识广。小时候，他作过波斯术士和星象家的学生，接受了神学和天文学方面的知识，对东方文化有着浓厚的兴趣。他在学习和研究的时候非常专心，经常把自己关在花园里的一间小屋里。

一次，父亲需要从小屋里牵走一头牛，牛出门的时候撞在了门框上，痛得大叫一声"哞"。爸爸很担心小德谟克利特的思路被打断了。可是看看小德谟克利特，一点儿也没注意到身边发生的事情，专心致志地看书呢！

为了增长见识，小德谟克利特选择了游学。

他先后来到雅典、埃及、巴比伦、印度等地游历，前后长达十几年。他在埃及居住了五年，向那里的数学家学了三年几何；他曾在尼罗河的上游逗留，研究过那里的灌溉系统；他曾在巴比伦，向僧侣学习如何观察星辰，推算日食发生的时间。

这样的经历，的确带给了小德谟克利特不少好处，他成为了一个知识渊博的人。

他研究了天文、地质、数学、物理、生物等许多学科，提出了圆锥体、棱锥体、球体等体积的计算方法；他的著作涉及自然哲学、逻辑学、认识论、论理学、心理学、政治、法律、天文、地理、生物和医学等许多方面，据说一共有52种之多，马克思和恩格斯因此赞美他是古希腊人中"第一个百科全书式的学者"。

维纳：你知道我今年多少岁

维纳从小就显示出超人的天分，3 岁能读写，14 岁就已经大学毕业了。几年后，他又通过了博士论文答辩，成为美国哈佛大学的科学博士。

在博士学位的授予仪式上，执行主席看到一脸稚气的小维纳，惊讶地问道："小朋友，你今年多少岁啊？"听见主席叫维纳小朋友，周围响起了一些人善意的嘲笑声。

小维纳有点尴尬，灵机一动，想了个找回面子的法子。他说："主席先生，我今年岁数的立方是个四位数，岁数的四次方是个六位数，这两个数，刚好把十个数字0、1、2、3、4、5、6、7、8、9 全都用上了，不重不漏。这意味着全体数字都向我俯首称臣，预祝我将来在数学领域里，一定能干出一番惊天动地的大事业。你现在知道我今年多少岁了吗？"

大家都被他的这道妙题深深地吸引住了。整个会场上的人，都在议论他的年龄问题。

其实这个问题不难解答。不难发现，21 的立方是四位数，而 22 的立方已经是五位数了，所以维纳的年龄最多是 21 岁；同样道理，18 的四次方是六位数，而 17 的四次方则是五位数了，所以维纳的年龄至少是 18 岁。这样，维纳的年龄只可能是 18、19、20、21 这四个数中的一个。

接下来就是筛选了。20 的立方是 8000，有 5 个重复数字 0，不合题意。同理，19 的四次方等于 130521，21 的四次方等于 194481，都不合题意。最后只剩下一个 18，是不是正确答案呢？验算一下，18 的立方等于 5832，四次方等于 104976，恰好用完了十个阿拉伯数字，多么完美的组合！

等得出了这个结果，大家都十分佩服小维纳，不再因为他的年龄而轻看他了。

没礼貌的书呆子博尔德特

博尔德特出生在比利时首都附近的一个城市，常常乘坐短途汽车去首都。因为觉得在车上干坐着太浪费时间，每次坐车他都揣上书读一读。

有位姑娘也经常坐这趟车，见小博尔德特总是专心致志地读书，觉得很好玩，就想逗逗他。

姑娘来到博尔德特身边说："嘿，这个座位是我的，你换一个行不行？"

可是小博尔德特像没听见一样，一直埋着头盯着书看。

姑娘觉得很没面子，于是拍拍小博尔德特的肩膀："你这个人怎么这样呢？我和你说话呢！"

这才把小博尔德特从书中的世界拉回来，他惊慌地说："不好意思，刚才我没注意，您说什么？"

看见小博尔德特这个样子，姑娘笑道："你还真入迷呢，我和你说话你都没听见。我想和你交个朋友，好吗？"

小博尔德特点点头，自我介绍了一下。姑娘在他旁边坐下："你这样看书看得进去吗？车一晃一晃的，对眼睛不好哦。"

小博尔德特笑笑："可是不看书多无聊啊，简直就是在浪费时间。"

"你可以看看窗外嘛。我就喜欢坐车的时候欣赏外面的景色。那次，我看见……"姑娘自顾着说了一会儿，发现身边的小博尔德特没有反应，转头一看，他居然又抱着书入迷了。

虽然有时候小博尔德特显得有些书呆子气，可正是这样不浪费任何一点时间的精神，让他学到了很多东西，成为了科学家。

格拉赛：马达上的导线

大家上实验课的时候是怎么样的呢？先看看老师的演示，再按照书上的步骤一步一步地，最后做出和老师一样的效果？小格拉赛可不光是这样。

物理课上，看完老师的精彩演示，同学们都开始做自己的实验。

大家兴致勃勃地动着手，教室里闹哄哄的，不时传来"哎呀，不是这样的！""应该是这样，刚才老师就是这么做的！"老师走来走去，指导同学们实验。

小格拉赛认真地做着实验，无意中把马达上的一根导线碰掉了。原以为马达很快会停下来，可是马达非但没有停下来，反而越转越快。

这是怎么回事呢？小格拉赛感兴趣了。他不断地把这根导线接上去又拿下来，观察着马达转动的变化。

"快别玩了，咱们按照老师说的做吧。"同桌小声提醒他，"老师快过来了。"

可是入了迷的小格拉赛一点儿没注意同桌说什么，自顾自地实验着马达和导线之间的关系。

"你在干什么呢，怎么不好好做实验？"老师发现小格拉赛没有专心做布置的实验，生气地说。

"老师你快看，我把导线拿开，马达反而转得更快了，这是怎么一回事啊？"小格拉赛没有注意到老师生气的语气，发问说。

老师看见小格拉赛不是贪玩，而是对物理现象发生了兴趣，也就不生气了。但是他也不知道为什么拿掉导线马达反而转得更快，于是给了小格拉赛教师实验室的钥匙，叫他自己多做试验，自己找出答案。

从此，小格拉赛有空就到实验室里去做各种各样的试验。通过试验，他的动手能力越来越强，懂得的物理知识也远远超过了同龄人。

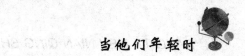

莫瓦桑："偷学生"

莫瓦桑小时候家里非常贫穷，因为付不起昂贵的学费，不能进学校念书，只能一边打工赚钱，一边偷空自学。每次看到学校里来来往往的学生，他都会十分羡慕。

一次偶然的机会，他听见几个学生在议论第二天有位著名的教授要来附近一所学校讲座。小莫瓦桑多么渴望自己也能听这位教授讲学啊，可是自己根本没有资格坐到教室里去。郁闷中，他不知不觉来到礼堂外。咦？小莫瓦桑发现礼堂窗户外有一处灌木非常浓密，瘦小的自己躲在里面不会被人看见，又能听见里面讲些什么。于是第二天，小莫瓦桑就躲在那里，听到了那位教授的讲座。

从此，小莫瓦桑爱上了这个地方。只要工作一有闲暇，他就拿着笔和本子躲在那里，凝听里面的讲课。虽然这样听来的知识非常驳杂零散，不成系统，小莫瓦桑还是如饥似渴地学习着。

有一次，一位老师的讲课非常精彩，小莫瓦桑越听越起劲，不由自主地站起了身子。学生们发现窗外有动静，纷纷扭头来看，还低声谈论着。

老师注意到了，以为是哪个顽皮的学生在窗外做恶作剧，非常生气："谁在那儿！打搅大家上课，快走开！"

小莫瓦桑被呵斥了，感到既伤心又难堪，不由得哭了，起来。老师非常奇怪，跑出来看见小莫瓦桑衣衫褴褛，手里还拿着笔和本子，顿时明白了大半，走过去安慰小莫瓦桑。

老师被小莫瓦桑的精神感动了，不但允许他进来听课，还推荐他到药店做学徒。

从此，小莫瓦桑不用再做窗外的"偷学生"，还走上了科学研究之路。

大学里的教皇费米

费米刚出生不久，爸爸妈妈很忙，很少有时间照顾他，只好把他送到乡下托人照看。

由于教育环境差，费米上学的时候显得比别的学生笨不少，说话吞吞吐吐，连系鞋带、扣扣子的小事都需要别人提醒，一点儿不聪明活泼，讨老师喜欢。

一次作文课，老师出了个题目：铁能做什么？同学们都发动脑筋，"刷刷刷"地写起来。飞机大炮，轮船火车……看的老师不住点头。

可看到小费米的作文时，老师不由轻轻皱了下眉。作文本上，只有简简单单的一句话：铁能做床。

老师叹了口气，心想这孩子可能真是头脑简单吧，生活能力差，学习成绩不好，连写作文都这么干巴巴的一句话。

可是他没有料到，小费米刻苦学习，慢慢地竟赶上了同学。别人玩耍的时候，他就在教室里看书学习，进步非常快。到了高年级，小费米的成绩已经名列前茅。尤其是物理和数学，更是学校首屈一指的人物。

小费米对待功课的态度非常严谨，只要自己不是很清楚很确定的东西，他都会查找很多资料，自己亲手试验，反复验证才下结论。

开始做科学研究后，他继续发扬这种精神。大学里的研究人员都很敬重他的学术作风，尊称他为"教皇"。有趣的是，当客人慕名来拜访费米的时候，工作人员告诉他们"教皇在某某地方"，常常让客人摸不着头脑。

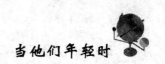

福井谦一：从化学差生到诺贝尔奖

福井谦一小时候的化学成绩很不好，常常考试不及格。有次他考了一个很丢人的分数，愤愤地回到家，对父亲说："爸爸，我到你的工厂工作吧，我不想读书了。"爸爸说："去工厂工作当然没有问题。可是我想知道，你是真不想读书了呢，还是因为化学学不好，受到挫折就要放弃？"

"这……"福井谦一沉默了。

"如果是后者，你都没有努力尝试过，就这么放弃，还算什么男子汉呢？我为你感到惋惜。"爸爸开导他说。

爸爸的话起了作用，福井谦一决定认真学习化学。如果化学成绩还没有提高，他就准备放弃读书，到工厂中学习怎样经营。

于是，福井谦一一改化学课上的开小差的习惯，开始专心听讲。课后努力背公式、记元素周期表，遇上不懂的地方就问老师和同学。一个月后的一次小测验，福井谦一的化学成绩有了提高。他很开心，第一次尝到了学习的乐趣，于是更加努力。

一个周末，好友小山健来找他出去玩，福井谦一说："我不去了，马上要考试了，我还有些没弄懂呢，得赶紧补上。"

小山健成绩也不好，他叹口气说："算了吧，像我们这种人，天生就不是学习的料。怎么用功也没用。何苦这么勉强自己呢，跟我去玩吧。"

福井谦一摇摇头说："也许我的确不聪明，但是一分耕耘一分收获。我尽我最大的努力去读书，不管结果如何，至少我不会后悔。但是没有努力就放弃，这实在是一种遗憾。"

慢慢地，通过努力，福井谦一的化学成绩越来越好，他也深深地爱上了这门神奇的学科，走上了化学的研究之路。曾经是化学差生的福井谦一靠着自己的努力，最后竟然获得了诺贝尔奖。

奥斯特瓦尔德：院子里的焰火

一次，小奥斯特瓦尔德从书上看到了一些制作焰火的知识。满天的焰火，多漂亮啊。要是能够自己做，别提多带劲儿了。于是，他把有关的化学名词、公式抄下来，第二天拿到学校问老师，弄清了一些问题后，就准备动手。

可是，制作焰火不比平常自己制作的一些小发明，可以利用一些废旧物品。很多原料都需要用钱买。小奥斯特瓦尔德数数自己攒下的零用钱，叹了口气。

妈妈注意到儿子闷闷不乐，问道："孩子，怎么不高兴了？"

小奥斯特瓦尔德向妈妈说明了情况。妈妈和爸爸商量了一下，觉得孩子做的是正经事，对他的学习和动手能力都有帮助，于是决定帮小奥斯特瓦尔德购买原料。

看到爸爸买回来的硝石、硫黄等原料，小奥斯特瓦尔德兴奋地开始工作。每天放学回家，第一件事情就是跑到屋子里摆弄这些物品。

一个月后，小奥斯特瓦尔德扯着爸爸妈妈的手来到院子里，说："爸爸妈妈，看我做的焰火。"

小奥斯特瓦尔德拿出自己的成果，点燃引线，只听"砰"的一声，焰火蹿上天空，闪烁着美丽的光芒，然后化做火星落下。一个又一个的焰火在天空中展示着它们的美丽，光芒四射，令人眼花缭乱。

"真漂亮！"爸爸妈妈赞叹道。

小奥斯特瓦尔德非常得意，这可是他花了好多功夫，做了好多次试验才成功的啊。

后来，他做了更多的试验，靠着这份动手能力和认真钻研的劲儿，最后获得了诺贝尔奖。

西奥雷尔：虫子的内部

西奥雷尔的父亲是当地一位有名的外科医生。从小听着爸爸讲手术的趣事，小西奥雷尔对外科解剖充满了向往：人和动物的内部，到底是什么样子的呢？爸爸很重视培养小西奥雷尔的求知欲，对于他那些奇奇怪怪无穷无尽的问题，总是给予耐心的解答。通过爸爸的讲述，加上自己看书，阅读资料，小西奥雷尔懂得不少这方面的知识。

看得多了，就想自己动手试试，验证一下书上讲的到底是怎么一回事。可是爸爸再宠爱小西奥雷尔也不可能带他去看自己做手术啊。于是小西奥雷尔只好把这个渴望放在心里。

一天放学后，小西奥雷尔和同学们在院子里玩。突然，一个女同学被吓得哇哇大叫。小西奥雷尔跑过去一看，原来是树上掉下来一只大虫子，花花绿绿的，还在地上蠕动呢。

"真恶心！"同学们说。

小西奥雷尔突然想，这么大一条虫子，它的身体内部到底是怎样的呢？要不干脆把虫子带回去解剖一下？

于是，小西奥雷尔用纸包住虫子，把它拿起来。同学们都皱着眉头，撇着嘴看着，有的还摇摇头。他们觉得小西奥雷尔真是太顽皮，太不讲卫生了。

小西奥雷尔可不管这么多，把虫子拿回家后就放在桌上准备动手。可是到底要怎么开始呢？从头？从肚子？小西奥雷尔拿着剪刀无从下手。

"你在做什么呀？"爸爸妈妈回来了，

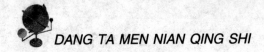

惊奇地问。

　　小西奥雷尔吓着了，把这么脏的东西拿回家还放在桌上，肯定会被骂的，

　　可是当他向爸爸说明了一切，正忐忑不安的时候，爸爸却笑了，说："你这么喜欢研究，我很高兴。来，爸爸教你怎么解剖。"然后拿出工具，开始示范。

　　从此，小西奥雷尔不断解剖各种动物，对动物内部越来越熟悉，为今后生理科学上的研究打下了良好基础。

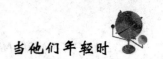

纳什：巫师的毒药

我们常常看见书中描述古代巫师做法的场面，很神秘。有个叫纳什的孩子，想试试这些仪式到底有什么效果，竟然自己服下毒药试了试，差点闯下大祸。

小纳什喜欢新奇的事物，对于自己感兴趣的东西都想亲自试试，有时候就忽略了危险。爸爸妈妈很担心他的性格会使他陷入危险，常常叮嘱他："做试验要小心啊。"可是，小纳什还是常常忘记这一点。

一次，小纳什看了一本关于古代巫师做法的书。对于里面的描写，小纳什既觉得有意思，又有点怀疑：到底是不是有用呢？于是他准备亲自试试。

很快，他召集了要好的伙伴来到家里，大家商量了一下，很快分配了任务，开始了一个关于驱毒的仪式。几天前，小纳什毒蘑菇中毒到医院治疗过，他想要是真的念几句咒语就能驱毒，自己就可以不到医生那儿，受打针吃药的罪了。

于是，大家各自进入角色。有的伙伴拿着书诵读上面的经文，有的拿着蜡烛走来走去，小纳什自己则去院子里摘了几片毒叶藤的叶子准备服用。

正在吃呢，妈妈回来了，看着屋子里烟雾缭绕很是奇怪，当她明白发生了什么事，可吓坏了，连忙带着小纳什去医院。要知道，毒叶藤可是有很强毒性的啊。

车上，小纳什还逞强对妈妈说："妈妈，没事。我们做了法事，念了咒语，百毒不侵。何况我才吃一片叶子呢。"

到了医院不一会儿，小纳什感到肚子开始痛了。医生连忙为他治疗，看着沮丧的小纳什，医生还是表扬了他的探索精神。

从此之后，小纳什做试验的时候小心多了，他可不想再到医院去了。

库柏：失去的耳朵

小库柏的妈妈在他很小的时候就去世了，剩下他和爸爸相依为命。爸爸一个人又要管家，又要上班挣钱，很是辛苦，很少有时间陪伴小库柏。小库柏从小就学会了用看书来度过自己一个人在家的时间。

长大一些后，小库柏开始自己动手做一些试验。开始是利用家里的废旧物品制作一些小玩意儿，慢慢发展到搜集购买一些化学原料做试验。

爸爸知道了，有些担心地对他说："孩子，我没有太多知识，但是听说化学试验挺危险的，你还是不要做了吧。"

小库柏点头答应了。不过过了几天，他发现自己老是惦记着那些东西，成天胡思乱想，压抑不住自己的渴望，于是又开始做起试验来。为了不让父亲担心，他总是悄悄做。

一次，他从书上看到了一些知识，需要用试验验证一下。不过这个试验反应很剧烈，小库柏有点担心。他想了个办法：把各种原料的分量减少。精确计算反应能量后，小库柏觉得这是在安全范围内的反应，于是开始动手。

不料计算有误，剧烈的反应发生了爆炸。一声巨响后，屋子里到处都是烟雾和玻璃碎片，许多仪器震飞了，各种试验原料撒在地上，混在一处的还可能产生新的反应。

小库柏呆呆地站在屋子中央，感到大脑一片空白，耳朵里嗡嗡直响。后来到医院一检查，左耳已经聋了。

爸爸很心痛："孩子，太危险了，不要再弄这些东西好吗？"

可是小库柏摇摇头说他太爱化学了，何况已经付出了这么多代价，现在放弃太不合算了。于是，他依旧冒着危险进行试验，一步一个脚印在科学道路上前进着。

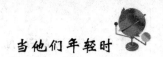

卡茨：小棋迷的选择

卡茨脑子很机灵，无论什么东西都能很快掌握。尤其是和小朋友们玩游戏的时候，他总是第一个找到窍门，轻松成为胜利者。

可是中学的时候，卡茨遇上了一个对手：他的同桌。那时候卡茨正在学习下国际象棋，而他的同桌恰好是国际象棋的高手。一向习惯做胜利者的卡茨不服输，下定决心要赢同桌。

一开始卡茨下得还不太好，总是被同桌赢了一盘又一盘。可是慢慢地，卡茨凭着自己的聪明和努力，下得越来越好。两人一到下课时间马上摆开战场，下得难分难舍。有时候上课也不专心，脑子里兵来将往，计算着对方的棋路和自己的对策。后来，他们甚至发展到一放学就跑到茶馆下棋，也不做作业，也不复习功课。

这种情况被老师发现了，他通知了卡茨的父亲。父亲把小卡茨叫到跟前问："你真的很喜欢下棋吗？"

小卡茨原以为会被骂，想不到父亲和颜悦色地问这样一个问题，连忙点头。

"那你喜欢读书吗？"父亲又问。

"当然啊。"小卡茨从小就喜欢读书，觉得到神奇的知识海洋里畅游是非常快乐的事情。

"可是，人的时间和精力有限，很难同时做好几件事情。爸爸不是不同意你有爱好，但是像你现在这样，书也没读好，下棋也不能全心全意，到头来什么都做不好，浪费了时间。"爸爸语重心长地说，"所以我希望你做一个决定，到底把时间和精力主要花在什么上面？读书，下棋还是别的什么？这一点儿，你选择了，就要全心全意地去干好。"

小卡茨犹豫了很久，终于恋恋不舍地把象棋放进了箱子，决定专心读书。不久，他的成绩恢复了，又成了班上的第一名。

喜欢抓虫子的孩子法布尔

　　法布尔出生在法国一个偏僻的小山村里，整个童年时代都在这里度过。虽然不像城里孩子有那么多新鲜事物可看，有那么多玩具可玩，但小村子山清水秀，到处都是各种各样有趣的动物和植物，法布尔的童年依然充满了欢乐。

　　他爬上高高的树，把树枝当作午睡的小床；他悄悄地躲在灌木中，逮住路过的小松鼠、小野兔；屋子里随处可见法布尔养的小动物：金龟子、小鸟、田鼠……和大自然的亲近使他一生都深深热爱着生物学。

　　他的祖母养了不少鸡鸭，法布尔发现祖母常常抓小虫子给它们吃。每当看见祖母又喂食了，法布尔就连忙凑过去，着迷地看着祖母手中各式各样的虫子。

　　有时候祖母累了，就叫法布尔帮忙捉虫子。法布尔开心地接过这个任务。慢慢地，通过抓虫子时的观察，他发现了好多规律：蚯蚓总往土里钻，快下雨前蜻蜓飞得最低，蜜蜂发现蜜源后会来回地盘旋……昆虫世界如此奇妙，深深地吸引了小法布尔，一有闲暇他就跑去观察昆虫，不是盯着飞舞的蝴蝶发呆，就是目不转睛地望着搬家的蚂蚁。

　　法布尔考上师范学校后，对生物学尤其是昆虫特别喜爱，自己做了不少标本，并且开始做一些研究。毕业演讲上还讲了如何区分害虫和益虫，显示出他在昆虫研究上的独到之处。

　　毕业后，他依旧在工作之余研究昆虫，为昆虫学做出了很多贡献，昆虫学上著名的《昆虫记》就是由他撰写的。

达姆：小鸡的耳朵

达姆出生在丹麦哥本哈根一个农场里。他非常爱好生物和大自然，从小就和蓝天白云、各种动物为伍，常常思考和它们有关的问题。

小达姆很懂事，年纪稍稍长大一点儿后，就开始帮助奶奶照看农场，做一些力所能及的事情。

一天，一只小猪跑到鸡群中，调皮地钻来钻去，把小鸡吓得到处乱窜，连小达姆手中的饲料也不能吸引它们过来。

小达姆非常生气，跑过去逮住小猪的耳朵，狠狠地把它拽进猪圈，"砰"的关上门，继续给小鸡们喂食。手中撒着饲料，嘴上唤着"咕咕"，小达姆干得可欢了。

这时，被关在猪圈的小猪似乎不服气，哼哼着直叫唤。小达姆又好气又好笑："看你调皮，就喂鸡，就不给你吃。"

说完，小达姆突然想，小猪能听见自己说话，因为它有大大的耳朵。小鸡也能在自己的召唤下围过来，说明小鸡也能听见自己的声音。小猪的耳朵大大的，长在头上，那小鸡的耳朵在哪里呢？

小达姆抓来一只小鸡，左看右看没看见它的耳朵。又抱过来，仔细地翻开茸毛察看，发现在小鸡眼睛旁边有两个小孔。

这应该就是小鸡的耳朵了吧。小达姆心想。

为了证实这一点，小达姆找来一块儿布绑在小鸡头上，把那两个小孔紧紧地蒙住，然后跑到一边，看小鸡还能不能听到自己的呼唤。可是还没等试验有结果，小鸡竟然一头倒在了地上。原来，小达姆绑得太紧了，小鸡呼吸不顺，活活憋死了。

小达姆以为会受到奶奶批评，有些害怕，但还是向奶奶说明了小鸡死掉的原因。不料奶奶知道了他这么做的原因，却拍拍他的头表扬了他。

后来，小达姆学会了在书里找答案，知道了好多好多知识。

海罗夫斯基：一道错题

海罗夫斯基从小学习就非常认真。他有一股子劲儿，只要自己不明白的地方，一定要弄懂才肯罢休。

一次数学课，老师叫同学到黑板做习题，好检验这节课讲课的成效。可是成绩一贯不错的小海罗夫斯基却做错了。老师认为他可能是粗心大意，没有责怪他。可是小海罗夫斯基却一直在想这个问题："我到底是哪里错了，哪点没有理解对呢？"

放学回家，他又做了几道同类型的题目，还是出错，但始终没找到错的结症。妈妈叫吃饭他也没听见，只顾着不断演算。直到爸爸亲自来叫他，他才去。即使这样，坐到饭桌前的他还是一脸的心事重重，闷闷不乐，脑子里始终想着那道题目。

"怎么了，孩子？"妈妈发现小海罗夫斯基不太对劲。

"我在想一道题。"小海罗夫斯基说。

"吃饭的时候就别想功课了，来，吃妈妈烧的鱼。"妈妈夹了一大块儿鱼放在小海罗夫斯基碗里。

尽管晚饭非常丰盛，但小海罗夫斯基还是草草吃了几口就回到房间继续演算。

晚饭后，兄弟都没在客厅里做游戏。哥哥来到小海罗夫斯基桌前说："来，我帮你做吧。赶快做了我们一块儿去玩。"

小海罗夫斯基说："不用了。我自己做才能找到错误，别人帮忙做出来我以后还是会做错的。"

过了好久，小海罗夫斯基明白了这种类型题目的解题方法，高兴地来到客厅想和大家一块儿玩。却发现客厅没有人，一看钟，哎呀，这么晚了，该睡觉了。

虽然没有做成游戏，不过弄懂了自己错在哪里，小海罗夫斯基还是踏踏实实睡了个好觉。

康福斯：10 年的准备

康福斯 10 岁那一年，父母发现他的耳朵有些不灵便，就带他上医院检查。不料晴天霹雳，医生说小康福斯的耳朵有硬化症，听力会慢慢减弱，十年后会完全丧失听力。

小康福斯哭了。他是多么喜欢音乐，喜欢倾听大自然。那么美妙的风声，蟋蟀的咏唱，鸟儿的啼叫，十年后，他就听不到了么？

最初的悲痛过去后，小康福斯开始考虑自己应该怎么办：听不见声音，十年后自己应该怎样生存下去呢？——只有学习！十年内，尽量抓紧时间学习知识，即使以后丧失听力，也已经学会了不少东西。

于是，小康福斯开始了废寝忘食地学习。他知道，自己是在和时间赛跑，十年内多学一点，十年后自己"谋生"的可能性就大一点。

在学习过程中，小康福斯发现自己最喜欢化学，只要是化学课，他就会比其他课更加聚精会神地听讲。只要是有关化学的书，他都会兴致勃勃地阅读，而且他发现，即使没有听力，也不会对他从事化学研究造成太大的障碍。

思考成熟，一天晚饭后，小康福斯向家人征询意见："爸爸妈妈，我以后把化学作为职业好吗？"

父母激动地哭了，既高兴孩子以后有了可以生存的事业，又伤心这么懂事的孩子怎么如此不幸呢？

10 年后，小康福斯果然什么声音也听不见了。但是他早就有了心理准备，借同学的笔记讲义抄，多阅读资料，弥补自己课堂上听不见老师讲课的损失。最后，他以优异的成绩从大学毕业，踏上了化学研究之路。

布朗：我要上学

小时候，布朗非常聪明好学，父母省吃俭用把他送到了一所私立学校去读书。这所学校很多都是有钱人家的子弟。小布朗学习很用功，每次考试都名列前茅，常常得到老师的表扬。这些引起了有钱同学的不满。

"那个穷小子就会拍马屁，讨老师喜欢！"他们议论着。

"还老是炫耀，好像他什么都懂。"他们不服气。

一次课堂上，老师叫约翰到黑板前面做作业，约翰只顾着开小差，根本不知道老师讲了些什么，站在黑板面前一个字也写不出来。

老师又叫小布朗来做，小布朗马上又快又好地做出来了。

老师说："约翰啊，你要是能像布朗一样好好学习，成绩也就不会那么糟糕了。"

约翰感到非常难堪，他觉得是布朗让他受到批评。放学后，他纠集了一帮平时对布朗不满的有钱学生，拦住布朗的去路。

"你以为你很了不起吗？"约翰气势汹汹地说，"揍他！"

于是几个人围住小布朗就打，把他揍得鼻青脸肿的，才得意洋洋地离开。

小布朗慢慢地爬起来，一瘸一拐回到家，妈妈看见他浑身是伤的样子吓了一跳。

明白事情经过后，妈妈伤心地抱着小布朗："不要再上学了，他们会欺负你的。"

"不管怎样，我都要上学。"小布朗含着眼泪，坚定地说。

可是这样的事情老是发生，爸爸只好把小布朗转学到一家贫民公立学校。这家学校的教学质量远远不如以前的学校，不过都是穷人的孩子，不会看不起人。不再受欺负的小布朗加倍努力，成绩依然很棒。

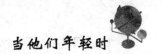

兰德斯坦纳：实验室的窗子

　　小兰德斯坦纳从小就对人体感兴趣，读了很多这方面的书，就是没亲自见过人体内部是怎样的。他常常想：要是能亲眼看一次该多好啊。

　　不久，小兰德斯坦纳家搬到一所医院的附近居住。这所医院设有一所医学院，小兰德斯坦纳常常到里面玩，东看看西看看，看见老师有空也凑上去问问题。大家都很喜欢这个聪明活泼的孩子。

　　慢慢地，小兰德斯坦纳和医学院护士的孩子约瑟交上了朋友。约瑟也是个对医学非常感兴趣的孩子，也很想看看解剖是怎么一回事。于是小兰德斯坦纳就鼓动他叫他妈妈带他们去看解剖，可惜妈妈没同意。约瑟只好指着解剖室的窗口对小兰德斯坦纳说："你在那个窗口就能看见了。"

　　小兰德斯坦纳望望，窗口很高，要是摔下来就惨了。可是想要亲眼看看人体内部的念头压倒了害怕，于是他咬咬牙，试着往窗口爬去。

　　好容易爬到窗口了，小兰德斯坦纳往屋子里一望，哇，里面正在进行解剖。他入迷地盯着医生拿着手术刀，熟练地操作着。开始还有点害怕自己会掉下去，第一次看见真正的解剖也有点晕晕的，不过没多久就抛开这些，专心地看着。

　　从此以后，这个窗口成了小兰德斯坦纳最爱来的地方。只要得知今天有解剖，他就会爬上去观看，即使有时候摔伤腿也不在乎。久而久之，他对人体的知识越来越丰富，进入大学学习后，大家还以为他出生在医学世家呢。

靠乞讨做实验的女孩丽塔

1938 年，法西斯政府规定犹太人不能从事科学研究。可是犹太女孩丽塔却疯狂地迷恋着科学。不能接触科学，人生多没有意义啊，丽塔心想，于是她便偷偷地做起了实验。

身处乱世，物资缺乏，想进行科学实验太难了。可是许多理论如果不亲手进行实验的话，就难以判定它是否正确。于是，丽塔想了个不是办法的办法。

丽塔把自己的年龄化妆得老一点，扮成孩子的妈妈上街乞讨。

"求求您行行好，给我一个鸡蛋吧。"丽塔敲开一家又一家的门，"我可怜的孩子需要营养。"

遇上好心人给了她鸡蛋，丽塔又会不好意思地说："有受过精的鸡蛋吗？听说那样的鸡蛋更有营养。"

一个叫花子还挑三拣四？很多人不耐烦了，往往会骂几句。丽塔也不生气，毕竟这是在骗人。何况在战争时期，鸡蛋又是多么珍贵啊，一个乞丐还如此挑剔，叫人怎么能不生气呢？

丽塔捧着辛辛苦苦讨来的鸡蛋回到家，放进孵化器，过几天后小心地剥开，放到显微镜下观察。因为无法上街去买实验用具，好多实验器具都是丽塔靠着自己的巧手做的：缝衣针做的小手术刀、磨尖改小的小剪子、眼镜改造的放大镜等等。

即使在战乱期间，丽塔也没有放弃自己的理想，在战后学术环境大大好转的情况下，凭着坚实的基础，她后来获得了诺贝尔奖。

不同凡响的名门之女伊伦

伊伦就是大名鼎鼎的居里夫人的女儿，从小父母为她提供了极为良好的学习环境，保证她受到良好的教育。小伊伦也不辜负父母的期望，一直勤奋好学，早早显示出自己是个从事科学研究的好苗子。

居里夫人的朋友大都是当时名噪一时的科学家，他们常常聚在居里夫人家里高谈阔论。这些谈论深深地吸引着小伊伦，使她爱上了那个神奇的科学世界。

尽管很敬佩这些学识丰富的叔叔阿姨，小伊伦却不盲目听从他们的见解。

一次，物理学家朗之万对孩子们讲："鱼缸里满满的装上水，我放一条鱼下去，水会怎样呢？"

孩子们异口同声地回答："会漫出来。"

朗之万接着问："答得好。现在我把漫出来的水放在另外一个鱼缸里，发现水的体积比鱼的体积小，这又是为什么呢？"

大家唧唧喳喳地议论开了。只有小伊伦心想，按照自己学过的理论，漫出来的水应该和鱼的体积相等才对。可是朗之万叔叔是大科学家，应该不会说错才对呀？

回家后，小伊伦向妈妈要了两个鱼缸和一条鱼，自己做开了试验。经过几次试验，小伊伦发现漫出的水刚好等于鱼的体积，不多也不少。

第二天见到朗之万的时候，小伊伦告诉了他这件事。朗之万高兴地摸着她的头说："太好了，果然是居里夫人的女儿。昨天我故意这样说，就是想看看大家会不会怀疑。我希望你们不要盲目地相信权威，任何事情都要自己亲手试试，看看事实是怎样的。"

汤川秀树一拳打出个诺贝尔奖

要说打架也能有收获，那么收获最大的就是汤川秀树的哥哥。当年他打小汤川秀树的一拳，竟然促使汤川秀树赢得了诺贝尔奖。

小时候，汤川秀树和他哥哥常在一起探讨问题。一次，小汤川秀树在书上看到一句话："物质是可以无限分割的。"这个问题引起了小汤川秀树的思考：要是一直分下去，最后剩什么呢？

于是，他开始查阅资料，可还是没有很好地解决这个问题。这时候哥哥来了，小汤川秀树就和哥哥一起讨论。哥哥说："很简单，当然可以一直分啊。你看一块儿石头，一块儿分成两块儿，两块儿分成四块儿……一直就这么分下去呗。"

"可是，到了最后不能再分的时候呢？"小汤川秀树还是觉得不对。

"那就不能再分了吧。"哥哥想了想，随口说。

"应该可以再分的。"小汤川秀树坚定地说。

于是哥俩开始分头寻找证据。不一会儿，哥哥得意洋洋地把一本书放在小汤川秀树眼前，指着一行字说："你看，书上写着物质不能无限分割，最小的物质被称为分子。"

小汤川秀树想想说："现在最小的物质是分子，以后说不定有更大的发现呢。何况书上讲的不一定就是正确的呀。"

哥哥认为弟弟在强词夺理，于是两人争论起来。争论越来越激烈，最后竟然动手了。小汤川秀树挨了哥哥一拳，大声说："我一定会证明给你看。"

果然，长大的汤川秀树证明了分子不是最小的物质，并因此获得了诺贝尔奖。他的哥哥非常自豪：这个诺贝尔奖可是当年他一拳打出来的啊。

杜尔贝科：十万个为什么

杜尔贝科小时候总是喜欢缠着大人问问题。星星为什么眨眼？太阳为什么东升西落？天空为什么是蓝色？对小杜尔贝科来说，这世界充满了奇奇怪怪又那么有趣的事情，怎么能不问个明白呢？

小杜尔贝科四岁的时候，一家人到海边玩耍。蓝蓝的天和蓝蓝的海水连成一线，无边无际。凉爽的海风吹来，白色的浪花拍打着沙滩，一切真是太美了！

大家正欣赏着美景，突然看到小杜尔贝科直直地往海里走，海水都快淹没他的腰了。爸爸吓了一跳，连忙把他拉回来，责怪说："你不要命啦！别乱跑，会被淹死的。"

"怎么会死呢？"小杜尔贝科眨巴眨巴眼，指着海里的鱼说，"你看它们多自由。"

"它们不会沉下去，可是你会啊。"爸爸哭笑不得。

"为什么它们不会沉，我就会呢？"小杜尔贝科的牛劲上来了，平时遇上什么不懂的事情，他都会打破砂锅问到底，这次也不例外。

"因为它们肚子里面有个鳔啊。"爸爸解释。

"为什么有鳔就可以不沉呢？"小杜尔贝科追问说。

"因为鳔里面有空气，这样能加大浮力，鱼就不会沉下去了。"爸爸耐心地说。

"那我绑个气球在身上，是不是就不会沉了呢？"小杜尔贝科问。

爸爸既高兴孩子的勤学好问，又不知怎么面对这些层出不穷的问题，只好抱起他走，边走边说："别问了，看，妈妈准备野餐了，我们去吃饭吧。"

杜尔贝科的脑子里永远都有问不完的问题，比十万个为什么都多。就这样，他努力读书，想去弄明白一个又一个的问题，最后成为了大科学家。

第七代教授玛利亚

玛利亚出身于科学世家，她的家族里连着六代都是教授。爸爸希望玛利亚也能做出一番成就，把这个光荣继承下去。玛利亚也不辜负父亲的厚望，在父亲的栽培下，小小年纪就懂得开动脑筋，显得聪明伶俐。

一次家里请客，来了不少显贵的客人。女仆因为紧张，给客人端茶送水的时候手不停地发抖，使得盘子里的茶杯不断晃动，碰撞托盘发出"磕磕"的响声。声音很大，不少客人都看着她，女仆越发紧张，手抖得更厉害了，有时候还会把茶水撒出来。

这只是一个小小的插曲，没什么人留心。只有小玛利亚注意到了，每次茶水一撒出来，即使女仆的手还在发抖，茶杯也不会晃动了。这是怎么一回事呢？

玛利亚悄悄溜出客厅，来到厨房，拿起杯子和托盘做试验。她拿起干燥的托盘和茶杯晃动，杯子就会响，可是撒上水后，除非用力摇晃，否则茶杯绝不会晃动。几次之后，她确定了茶杯和托盘之间只要有水，就不会晃动。可是这是为什么呢？

正在玛利亚痴想这个问题的时候，爸爸进来了，发现女儿看着托盘和茶杯发呆，就好奇地问她干什么。

玛利亚把疑问告诉了爸爸，爸爸惊讶了，这么小的孩子竟然注意到了这些。

他抱着小玛利亚来到客厅，对这满屋子的宾客大声宣布："我女儿就是戈佩特家的第七代教授。"然后向大家解释了原因，于是来宾们纷纷赞扬小玛利亚的聪明。

看蚂蚁搬家的孩子奥古斯特

小奥古斯特从小就很喜欢各种各样的生物，他房间的墙上、桌上、柜子里到处都是他自己制作的生物标本。看看描写生物的书籍，再抬头看看旁边的标本，在笔记本上记下自己的一点体会，饶有兴味地做着这些别人看来也许是枯燥的事情，小奥古斯特就这样度过了很多夜晚。

随着掌握的生物知识越来越多，小奥古斯特对生物的痴迷越来越深，无论在干什么，只要发现有趣的生物，都会情不自禁地放下手头的事情，专心致志地观看。

一次，爸爸带小奥古斯特去山上露营。爬山途中，小奥古斯特走着走着突然不动了，慢慢地蹲下身子。原来草丛中有一群大蚂蚁在搬家。这种蚂蚁个子很大，浑身漆黑漆黑的，平时在山下很少看见。

爸爸知道小奥古斯特的脾气，看着他入迷的样子，也不去叫他，自己在周围散步休息。可是等他逛完一圈回来，发现小奥古斯特竟然不见了。这下爸爸可吓着了，要知道山里多危险啊，要是迷路了后果会很严重的。

爸爸大声喊："奥古斯特，奥古斯特！你在哪里？"声音在山谷中回响，可是却一直没有回音。爸爸冷静下来想了想，按着小奥古斯特的性格，应该是看蚂蚁入迷了，跟着蚂蚁走了吧。于是他开始寻找草丛中蚂蚁搬家的路线，顺着这条路线边向前走，边搜寻小奥古斯特的踪影。

终于，爸爸看见了小奥古斯特。原来他跟着搬家的蚂蚁来到了蚂蚁窝前，正研究蚂蚁窝的结构呢，全神贯注，一点儿不知道爸爸找了他好久了。

不过爸爸没有责怪小奥古斯特，反而蹲下来，听小奥古斯特指着蚂蚁窝，讲述着有关蚂蚁的知识。正是由于这份痴迷和执著，经过努力，小奥古斯特长大后成为了著名的动物生理学家。

解剖死狗的贵族男孩艾德里安

艾德里安出生于英国伦敦的一个贵族家庭里，父母都是很有知识教养的人，很重视孩子的教育。小艾德里安自己也非常好学，除功课出色外，画也画得不错，还会击剑，年仅 18 岁就获得了科学奖学金，顺利进入世界知名的剑桥大学读书。

父母对于小艾德里安的教育秉承一个原则，该鼓励的就大力支持，不该做的就绝对禁止。

一次，小艾德里安在河边散步，突然发现岸边有条被河水冲上岸的死狗。他高兴极了。要知道，他一直对动物内部的结构非常感兴趣，常常在家里解剖一些虫子或者别的小动物，可是从来没解剖过狗，何况还是这么大一只呢！

于是，小艾德里安费力地把死狗拖到干燥一些的地方，掏出随身携带的小刀就干开了。他一边解剖，一边还不断地在小本子上记录着。

"天啊，艾德里安，你在干什么啊！"妈妈发现小艾德里安久久没有回家，有些担心，出来寻找，竟然看见自己身为贵族的儿子蹲在河边玩死狗。

"多脏啊！是不是你把别人的狗弄死了？你怎么可以做这样的事情呢！"妈妈感到有些生气。

等到小艾德里安解释了事情的经过，妈妈明白狗不是儿子所杀，儿子也不是在玩死狗，顿时感到自己太鲁莽了。她向小艾德里安道歉后，并且保证自己决不会干涉他做实验的自由。

正是由于父母这种开明的教育和小艾德里安自己的努力，后来，这个在河边解剖死狗的贵族小孩儿获得了诺贝尔奖。

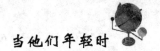

特明：改变一生的夏令营

人一生道路的选择可能来源于某一件小事，某一个特定时刻的感动，某一句话的启迪。对于美国病毒学家特明来说，改变他一生的是 15 岁时参加的一次夏令营。

当时，缅因州杰克逊癌症研究室为中学生举办夏令营。这个夏令营以生物学为主题，来自大学和研究机构的专家、学者以通俗、生动、形象的语言，向孩子讲述生命的奥秘和癌症研究的意义。《纽约时报》刊登了这个消息，恰好被小特明看见了。

这是一个多么好的机会啊，从小就向往科学的小特明心想。于是一向听话的小特明变成了最"不讲理"的孩子，一直缠着妈妈要去参加这个夏令营。

妈妈开始担心小特明不过才 15 岁，独自出远门参加夏令营太不安全。可是经不住小特明的一再纠缠，加上这个夏令营的确很有意义，妈妈终于同意了小特明的要求。

来了夏令营，小特明大开眼界。不但天天都有各式各样由著名科学家亲自主持的讲座，还有不少实验机会，许多实验学校的课程里边都不包括。在这里，小特明第一次亲手解剖了兔子。

夏令营深深地吸引了小特明，激发了他对生物学和癌症研究的兴趣。此后三年，他每个暑假都参加杰克逊研究室的夏令营，聆听科学家们的讲座，和他们交流。

考大学时，他不假思索地在志愿表上填写了生物专业，从此走上了生物研究的道路。

伍德沃德：生日宴会上的花脸

　　小伍德沃德十分羡慕邻居约翰家的孩子麦克，因为他家有一个大大的实验室，而且麦克还在他面前炫耀过，说那是这一带最好的化学实验室。自从麦克带小伍德沃德去参观过一次后，小伍德沃德的脑子里，就再也挥之不去那些五颜六色瓶瓶罐罐的影子。

　　于是，小伍德沃德向父亲要求说："爸爸，我也想向麦克那样，摆弄那些瓶瓶罐罐，可以吗？"

　　"化学实验？太危险了！"爸爸不同意。

　　"就要就要，我就要那个，什么别的都不要。"小伍德沃德撒娇说。

　　父亲以为是孩子闹着玩，笑一笑就没再说什么，可小伍德沃德却认为是父亲默认了，欢呼着跑开了。

　　小伍德沃德选中了家里闲置的地下室，把杂物堆在一起，腾出一个空间。然后他找来各种瓶子杯子，洗干净后装上各种颜色墨水，又找麦克讨了一些

化学试剂。好啊，一个小小的，属于小伍德沃德自己的实验室就开张了。

　　小伍德沃德有空就钻到实验室去摆弄这摆弄那，入迷得不得了。

　　他生日那天，家里为他举行生日宴会，可大家忽然发现：小寿星不见啦！于是大家着急地寻找，可是楼上楼下都没有人影。直到妈妈想起了地下室，大家才从一堆杂物后面找到了小伍德沃德。

　　这时的小伍德沃德可狼狈了，他正

在做实验，鼻尖上印有一团蓝墨水的痕迹，脸上涂抹了好些红色颜料，手也是脏兮兮的。看着他这副样子，大家都笑起来。

爸爸看看地下室的布置，知道儿子一直在做实验，很是感动，决定帮小伍德沃德。从此，小伍德沃德的实验室开始有了正规的试验器具，他也从这里正式开始了他科学探索的道路。

赫兹：叔叔的影响力

有人说过，一个男子汉总是看着另一个男子汉的背影而成长。对赫兹来说，一生中影响他最大的就是他的叔叔，另一位伟大的科学家。

从小，叔叔就很疼爱这个聪明伶俐的侄儿，常常在工作的闲暇，给小赫兹讲述各种各样的事情。各地的风土人情，有趣的自然现象，都深深地吸引着小赫兹。不知不觉中，这些故事培养起了小赫兹对大自然的热爱，以及探索这个神奇世界的兴趣。

大一点儿后，小赫兹开始自己做一些简单的实验，试着用自己的知识解决一些疑惑。一次，听说叔叔得了一大笔奖金，大家都很羡慕，要赫兹向叔叔学习。

小赫兹就去问叔叔："叔叔，如果得了科学奖是不是就有很多钱的奖金？"

"你问这个干什么呢？"叔叔觉得很奇怪。

"他们要我向你学习，搞科学研究，挣很多钱。"小赫兹回答说。

"孩子，你做那些实验是为了钱吗？"叔叔觉得应该慎重对待这个问题，于是严肃地问。

"当然不是，我只是很喜欢做这些实验。"小赫兹回答说。

"那笔奖金的确很多，叔叔也很需要那笔钱来添置设备。"叔叔顿了顿，"但是科学发现绝对不是为了钱。你不是为钱才做那些实验，叔叔也不是为了钱进行科学研究。我们的目的，是解决一个又一个的问题，从中找到乐趣。"

小赫兹点点头，似乎明白了许多。

就这样，叔叔不但在知识上给小赫兹以启迪，还不断健全他的人格。临终前，他还握着小赫兹的手说："要做个顶天立地的男子汉。"小赫兹含泪答应了。

"做个顶天立地的男子汉"这句话一直激励着小赫兹在科学道路上披荆斩棘，叔叔高大的身影也一直出现在前面，似乎欣慰地看着小赫兹前进。

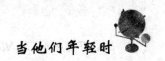

在旅店打工的改革家费曼

为了挣零用钱，费曼小时候常常到姨妈开的旅店打工。在别人眼里，旅店的工作单调无聊，可是对于小费曼来说，旅店则成了他发明创造的第一个改革对象。

小费曼的第一个想改革的是：拿盘子的方法。清理餐桌的时候，大家都是把桌上所有的东西都堆在托盘上，堆到一定高度就去厨房换新托盘。换盘子的时候，总是先拿走旧的，再放上新的。

小费曼心想：要是我同时做完这两件事，不是省了一半的时间吗？于是他试着在抽出旧托盘的同时塞进新托盘，结果"哗啦"一声，所有的东西全掉在地上，巨大的声响引得大家都看过来："费曼，你干了些什么呀！"

受到大家嘲笑的小费曼毫不气馁，又兴致勃勃地改良切四季豆的方法。他认为原来用刀切四季豆的方法太慢没有效率，而自己把四季豆推向刀锋来切断的新方法则省事得多。可惜向老板证实这一点的时候，因为太想表现，手推得飞快，不小心把手割破了，于是这个方法也沦为大家的笑谈。

不过慢慢地，小费曼有了一些成功的发明。他利用装水可乐罐设计了一套关门时自动关灯的系统；利用切蛋器设计了一个能快速切开煮熟土豆的方法；在总机的线路上绑上纸片，让人不必跑到总台，就知道是哪部电话响的系统……

尽管这些发明引起了旅馆工作人员的好奇，但小费曼的姨妈并没有采用这些新发明，到小费曼离开的时候，旅馆一切照旧。大家都很喜欢这个聪明有趣的小伙子，并感到他长大后将不同寻常。

韦勒：从救宠物开始

韦勒是著名病理学家，而他的研究道路，则是从救治自己所养的宠物鱼开始。

韦勒出生在美国一个医生的家庭里，父亲很希望儿子继承他的事业，从小就不断培养他对医学方面的兴趣。

一次，小韦勒带回家几条鱼，是他和同学在放学路上经过的一条河里捞的。妈妈看着脏兮兮的袋子和鱼，皱着眉头想要让小韦勒扔掉，却被爸爸轻轻摇头阻止了。

"孩子养宠物，能培养他的爱心和责任感，还能提高他对事物的认识能力和兴趣，不是挺好吗？"爸爸对妈妈说。

得到父母许可后，小韦勒高兴地找了个玻璃缸把鱼放了进去，每天放学回家，总是迫不及待地喂鱼、换水。可是过了几天，一条鱼翻着白肚皮浮到水面。为什么别的鱼活得好好的，这条鱼死了呢？小韦勒又伤心又难过。

为了不让其他鱼也这样莫名其妙的死掉，小韦勒决定找出鱼死的原因。他剪开死鱼，发现里面有好多白白的小虫。这些是什么呢？鱼的死是不是和这些小虫子有关？小韦勒疑惑了。

这时，一直在留心儿子举动的爸爸觉得，这是一个培养孩子爱医学的好机会，于是过去告诉他，这些白色的小虫子是寄生虫，正是这些虫子损害了鱼的健康，所以最后鱼死掉了。

"人的身体里面也有寄生虫，不但会使人生病，严重的时候也会像鱼一样死亡。"爸爸严肃地告诉小韦勒。

"那怎么办呢？"小韦勒着急地问。

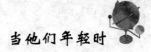

"你要多读书，多学习医学知识，找到办法消灭它们，大家就得救了。"爸爸鼓励小韦勒。

这番话对小韦勒起了很大作用。不要再让心爱的宠物死亡，不要寄生虫危害人类的健康。抱着这样的目的，小韦勒走上了医学研究之路，成为了一名出色的病理学家。

二、科学成才

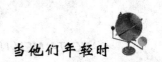
莱特兄弟的成才故事

威尔伯·莱特生于 1867 年，奥维尔·莱特生于 1871 年，两人是美国飞机发明家。1903 年莱特兄弟发明的世界上第一架飞机试飞成功。

威尔伯于 1867 年出生，而奥维尔是在四年之后才来到人世的。虽然相隔几年，但两兄弟却有着共同的兴趣和爱好。莱特兄弟的父亲是一个木匠，他经常买玩具送给他们，对两兄弟产生了深刻的影响。莱特兄弟因为受到经常搬家、转学的影响，所以对功课不太重视。两人喜欢飞行，经常讨论这一问题。两人只读了几年书就中途辍学了，起初开了家印刷社，后来出于对机械制造的兴趣，他们开了一家自行车行，这为他们以后从事飞机的发明工作积累了资金和技术经验。

有一年的圣诞节，他们的父亲莱特牧师送给了孩子们一个飞螺旋玩具。这个模样古怪的玩具有一个特点，就是上紧了橡皮筋后，可以飞上天空。这引起了莱特兄弟极大的兴趣，因为在他们以前的知识里，只知道鸟儿才可以飞上天空的。兄弟俩把这个玩具拆了又装，装了又拆，希望可以发现其中的奥秘。他们产生一种愿望，想制造出一种能够高高飞上天空的机器，这种愿望一直影响了他们的一生。

莱特兄弟从飞鸟和风筝中找到了灵感。他们发现，海鸥的翅膀稍微有些弯曲，这种身体结构是他们能够翱翔于蓝天的关键。

1899 年 8 月，这两个年轻人着手制造出他们的第一架飞机：一架双翼风筝式飞机。这架飞机的一个特点是，利用机翼的扭曲或弯曲，保持横向稳定或侧向平衡。

　　莱特兄弟的第一架滑翔机也运用了机翼扭曲这一特点。这架滑翔机在1900年制成，被运往北卡罗来纳海岸的基蒂霍克进行试验。兄弟俩用了一个星期的时间，把滑翔机装好。先把它系上绳索，然后由威尔伯坐上去进行试验，但只飞了一米多高。

　　第二年，兄弟俩经过多次改进，又制成了一架滑翔机，这次飞行的高度达到了1.80米。莱特兄弟开始考虑飞机的动力问题，他们想到了汽车的发动机。一名制造发动机的工程师专门为莱特兄弟造出一部12马力、重量只有70公斤的汽油发动机。经过无数次的试验，他们终于把发动机安装在滑翔机上，并在滑翔机上安装了螺旋桨。

　　带有螺旋桨的飞机再次给莱特兄弟带来了麻烦，可成功终究属于这一对不畏困难、坚持不懈的"飞人"兄弟。1903年12月14日，莱特兄弟在基蒂霍克再次试飞改进后的带有螺旋桨和发动机的飞机。在准备工作就绪后，兄弟俩以抛硬币的方法，决定由威尔伯先飞。威尔伯飞了起来，但很快又掉下去。兄弟俩经过研究，发现是起飞方面的原因。

　　1903年12月17日，莱特兄弟再次试飞，驾驶员换成奥维尔。飞机起飞后，一下子升到3米多高，随即水平向前飞去。飞机飞行了36.6米，历时12秒，然后稳稳地着陆了。同一天，又飞了三次，其中一次飞了260米，持续了59秒。

　　这是人类历史上第一次驾驶飞机飞行成功。莱特兄弟把这个消息告诉报社，可报社不相信有这种事，拒不发布消息。莱特兄弟继续改进他们的飞机，不久，又制造出能乘坐两个人的飞机，并且在空中飞了一个多小时。

　　1908年9月10日，莱特兄弟终于向世人展示了他们的空中飞行。奥维尔驾驶着他们的飞机，在一片欢呼声中，自由自在地飞向天空。

　　过后不久，莱特兄弟在政府的支持下，创办了一家飞行公司，同时开办了飞行学校。从此，飞机成了人们又一项先进的交通工具。

　　1912年，威尔伯因病逝世，享年45岁。1948年，奥维尔逝世，享年77岁。莱特兄弟孜孜不倦地从事飞行与研究，实现了人类的飞翔梦想，是现代航空科学的先驱。

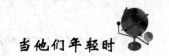

威尔逊的成才故事

威尔逊生于 1869 年，是英国著名的物理学家，曾获 1927 年诺贝尔物理学奖。

威尔逊出生于苏格兰南部锡格伦科斯附近的一个小村里。他的父亲由于在牧羊业中进行的新实验而在苏格兰享有很高声誉。

威尔逊从小就顽皮好动，坐立不安，没有安静的时候。他的父母很不喜欢他，认为他做事没有恒心，将来必定是一个没有出息、游手好闲的人，并没有把他送入学校念书。一天，恰巧一位有学问的牧师路过他家。当他了解了威尔逊的表现后，便劝他的父母不必过于焦虑，他说："那些特别聪明的孩子，在小的时候，由于他的志向未定而往往显得出奇的顽皮。他一旦有了自己的兴趣和爱好以后，就不会像现在这样调皮了。"这一番劝告使得威尔逊的父母决定让儿子去求学深造。

最初，威尔逊曾就读于曼彻斯特的格林海斯学校。但是直到他 15 岁进入曼彻斯特的欧文斯学院时，才发觉自己真正有兴趣的是物理，于是他便决心成为一名物理学家。

1888 年他成为剑桥大学一名物理系的研究生。威尔逊在剑桥大学念书时，自愿参加了尼维斯山气象站的观测工作。从这时起，他就开始对早晨空中的彩云很感兴趣，并设想在实验室中，用人为的方法再现这种大自然的有趣现象。

在与气象学者的接触中，他了解到：空气凝结，每颗水滴都要有一个尘埃做核心。威尔逊通过大量的实验和思考，得出一个重要结论：即使完全没有尘埃颗粒，也可能使水滴凝结。接着，他又设想：通过 X 射线照射促进水滴凝结的过程。

1896 年，经过进一步的实验和考虑，威尔逊又得出一个十分重要的结论：带电的原子（离子）正是水滴凝结所需的核心。这也成为他建造云雾室的

重要理论基础。

发明云雾室是威尔逊一生最重要的理论贡献。

他的云雾室是一个具有窗口的盒子，在它的下面有一个可动的活塞。把饱和水蒸气的空气从一边的窗口引进盒子，当活塞向下移动时，盒子里的空气马上就扩散冷却下来，使部分蒸气凝结而形成轻巧的云雾。就像天上云里的水汽碰上灰汗粒子或带电荷的空气分子时，容易冷凝成液体一样，这种现象也存在于云雾室的水蒸气中。

利用这个原理，人们只要把一束从外面电子源射出来的电子流引进盒子里的另一个窗口，这些电子进入云雾室后，就会将空气分子游离成离子。当湿气的小雾滴围绕在离子的四周时，它们即因电子的行进轨道而伸展成一条狭长的条纹，用肉眼可以看见。如果把这些薄薄的一层雾所形成的条纹拍摄下来，则电子行进空气的线路就能在照片上得以显示。

威尔逊发明的云雾室，被广泛地应用在辐射、X 线、宇宙线及其他原子科学的研究上，对许多重要的原子核、物理现象的研究起到了决定性的作用。他也因此而获得 1927 的诺贝尔物理学奖。

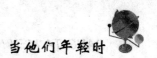

卢瑟福的成才故事

卢瑟福出生于 1871 年，是英国著名的物理学家，曾获 1908 年诺贝尔化学奖。

卢瑟福出生在新西兰偏远的泉林村的一所小木房里。因为家里人口很多，他从小就得参加繁重的体力劳动，除了帮助父亲在亚麻加工厂干活外，还有很多农活等着他。

小时候，卢瑟福在福克斯希尔村的一所小学里读书。由于他勤奋好学，各门功课都非常优秀。老师们认为他是一个很有发展前途的学生。卢瑟福对周围发生的一切都感兴趣，他最喜爱的两门功课是拉丁文和古典文学。到了十多岁时，他就对自然科学表现出浓厚的兴趣。

童年时代的卢瑟福曾发明一种可以发射"远射程炮弹"的玩具大炮，还巧妙地设想出增加"炮击"距离的方法，这显示出他非凡的创造才能。

还有一次，他拆开了一只怀表，大多数孩子都认为这只怀表已经报废，没有修理的价值，而卢瑟福却把它修得很好，且准确无误。他还自制了一架照相机，自己拍摄、自己冲洗，就这样，他成了小伙伴崇拜的对象。

1882 年，卢瑟福举家搬迁到佩洛鲁斯海峡边上的哈夫洛克村。他在这里的一所学校里继续读书，学习成绩优异。15 岁时获得了奖学金，被破格录取为纳尔逊学校的学生。该校的校长和校长助理均是英国剑桥大学毕业的。他们的英式治学方法使得卢瑟福受益匪浅，他后来在科学上的伟大贡献，与这两位老师的影响是分不开的。尤其是他们的校长助理利特尔·约翰，使卢瑟福真正懂得了科学工作的重大意义，为他确立献身科学的志向打下了牢固的基础。

因为卢瑟福对学习有着一股锲而不舍的劲头，引起了教授自然科学的校长助理利特尔·约翰博士对他的特别注意和关心。他们经常在一起探讨他们感兴趣的科学问题。

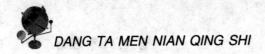
　　对自然科学的兴趣常常使卢瑟福达到忘我的境界，因此被同学们谑称"书呆子"。即使在嘈杂喧闹的环境中，他也专心致志地读书。当他在聚精会神地演算一道数学题时，就是有人用书本敲他的脑袋，他也会觉得似乎与己无关。于是有些孩子常常欺侮他，趁他学习时揪他的耳朵，或者在他的衣服后面玩些恶作剧。结果，总是捉弄他的那些同学，反被他把手扭到背后，一个劲儿地告饶求情。

　　三年后，卢瑟福顺利地通过了奖学金考试，获得了进入新西兰大学坎特伯雷学院继续深造的机会。当他的母亲告诉他获奖被录取的消息时，卢瑟福正在菜园子里挖马铃薯。他听到母亲带来的消息后，用力甩掉手中的铁锹，吐了一口气，缓慢地说："这也许是我要挖的最后一个马铃薯吧！"

　　卢瑟福在坎特伯雷学院学习时，由于家境困难不得不利用课余时间出去打工，增加一些额外收入来补贴自己的学费。

　　他在坎特伯雷学院因勤奋而出名，后来他在入射学和原子物理学两方面作出了重大贡献，并在 1908 年获得诺贝尔化学奖。

罗素的成才故事

罗素生于 1872 年，是英国著名的哲学家、数学家、逻辑学家。

罗素于 1872 年诞生在英国蒙默里郡特雷莱克的一个贵族世家。他的祖父曾出任过英国的首相。他出生后不久，母亲和父亲先后去世，由祖父祖母抚养长大。

11 岁时，罗素开始从哥哥那里学习欧几里得几何学。当时他只能够接受定义，对公理的可靠性产生怀疑，这种怀疑决定了他后来的研究方向。他的科学知识是由叔叔零星教授给他的。他祖父收藏的大量图书，为他博览群书创造了条件。他还从外籍保姆和家庭教师那里学会了多种外国语言。少年的罗素总是以怀疑的眼光看待人类的一切知识。

罗素考入剑桥大学后，便从清教徒式的家庭束缚中解脱出来。因为大学思想极其活跃，他感到非常快乐。与同学们的自由交往，使他受益匪浅。剑桥大学在 1820 年有一个不公开的小团体专门吸收才智出众的学生，罗素入学第二年就加入了该团体。在这个团体里，他结识了很多后来闻名于世的同学。

每星期六晚上他们都会组织聚会，常常讨论到午夜，第二天又去乡间漫游、交谈。很快，罗素就成为他们中间颇受欢迎的成员。

在大学期间，罗素非常不满意老师的授课方式，认为当时的数学只重视技巧，不重视基础理论的证明。在第三学年时，他虽以优异的成绩通过了学位考试，却发誓再也不攻读数学了，他卖掉他所有的数学书籍，而改学哲学。

罗素对哲学有着浓厚的兴趣，他在同学的帮助下，成了一名黑格尔与布拉雷德派的忠实信徒，他立志要像黑格尔那样，建立一套哲学体系，献身于哲学事业。

1893 年罗素的第一篇哲学论文《论几何学基础》使他得到了剑桥大学研究员的资格，这使他可以在六年内专搞研究。这篇论文于 1897 年修订出版，成为罗素第一部哲学著作。

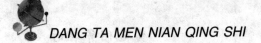

1900 年 7 月，罗素在巴黎举行的国际哲学家大会上，见到意大利数学家怀特海，两人决定合作写一部《数学原理》。两人只用了不到三个月的时间，就写出了底稿。1901 年 5 月，罗素由于一个偶然的发现，把注意力转向"悖论"的研究，直到 1906 年才继续《数学原理》的写作。

他每天工作 10 到 12 个小时，手稿越积越多，他常常担心会因此导致房屋失火。为了安全起见，他雇了一辆四轮马车，将手稿运到出版社去。但是这部著作符号繁多，晦涩难懂，出版商考虑到销路不大，排版又困难，预计得赔 600 英镑，要求作者预付损失费。

几经磋商，各方达成协议：剑桥大学付 300 英镑，皇家学会付 200 英镑，余下的 100 英镑由作者承担。这样一来，罗素与怀特海多年辛辛苦苦的成果，每人倒贴了 50 英镑才分别于 1910 年、1911 年、1912 年出版。三大卷的《数学原理》确立了罗素在学术界的声誉和地位。

马可尼的成才故事

马可尼生于 1874 年，是意大利物理学家，发明了无线电，被誉为"无线电之王"。

意大利物理学家马可尼出生于波罗尼亚的一个牧场主家庭，父亲是一个牧场主，母亲是英国爱尔兰贵族的后代。马可尼从小天资聪颖，勤奋好学，非常喜欢阅读物理学方'面的书籍资料。

在上大学时，马可尼以其聪明好学、勤奋刻苦的求学态度，深得物理学教授奥方斯特·里奇的赏识。当时里奇正在进行电磁波实验，受他的影响，马可尼开始自己动手作电磁波实验，对电磁波的研究产生了浓厚的兴趣。大学时的马可尼给自己立下了一个宏伟的志愿：一定要用电磁波来传递音讯。从此，他每天与艰辛的电磁波实验为伴。

马可尼在父亲庄园的一座小楼上建立了自己的实验室。他经历了无数次的实验失败，父亲因此曾批评他是个"不切实际的空想家"，认为这种无谓的实验只是浪费时间而已，但马可尼并没有因为父亲的批评而气馁，他坚信自己一定会取得成功！

1894 年的一天，马可尼在楼上放了一个小长桌作为实验台，上面摆了一台简陋的收报装置。他在楼上一按电钮，就从楼下的客厅里传来一阵铃声，而楼上和楼下并没有导线相连。这就是他第一次实验的无线电信号传送，这一年他只有 20 岁。第二年秋天，马可尼把电磁波信号传到了 2.7 公里远的地方，这当然更坚定了他继续研究的信心。由于科研经费不足，无法进行实验研究，马可尼曾给意大利邮电部写信，请求资助，但未能如愿。为了使无线电具有实用价值，能够为人类服务，马可尼只得告别了自己的故乡，带着他发明的发射机和接收机来到当时世界科技发展的中心——英国。

1896 年 6 月 2 日，马可尼将自己的专利品以 25 万美元卖给了英国政府，并获得了英国邮电总局的总工程师普利斯博士的大力支持和帮助，马可尼在英国进行了多次无线电收发表演，并获得成功。

1897 年，他在伦敦成立了马可尼电报公司。第二年 7 月，马可尼的无线电装置正式投入商业使用，第一次用无线电为爱尔兰首都柏林《每日快报》报道了有关金斯汤赛船的情况。

马可尼无线电的成功发明，使海上航行安全得到了保障。1899 年 3 月 3 日，东凯旋号船被另一条船撞破，正在危难之时，许多地方都收到了呼救信号，很多船迅速赶往事发地点去进行营救。

在 1901 年 12 月，27 岁的马可尼首次完成了横渡大西洋的无线电通信：美国能收到英国拍发的电讯！这一消息震惊了全世界，各地的报纸纷纷以大字标题刊出，尤其科学界更为之兴奋。马可尼创造了一个新的时代，无线电的发明可以将任何地点的消息随时传递到全世界去。

马可尼发明无线电后，不仅受到了赞誉和掌声，而且也受到许多严厉的反对和攻击。有人写信给马可尼，野蛮地警告他不应该发明无线电，因为无线电波会经过他们的身体，破坏他们的神经。有一个法国人写信给马可尼，声称为了保障人类的安全，他决意要刺死他，并说他已由法国起程来英国。马可尼连忙将这封信交给苏格兰警察局，幸亏由于英国政府防护得早，拒绝此怪客上岸，马可尼才避免遭到伤害。

马可尼发明的无线电不久便在全球范围内得到广泛应用，许多国家的海岸、要塞都建立了马可尼式的无线电台，大多数的轮船也纷纷采用了他的无线电装置。而且，马可尼无线电的发明直接导致了广播事业的诞生：英国于 1920 年诞生了世界上第一个广播电台，接着美国和其他许多国家的无线电广播事业，也都迅速发展了起来。

马可尼去世后，为了纪念他的伟大贡献，国际海上无线电协会代表 50 多个国家，一致通过把 4 月 25 日马可尼的生日这一天，定为"世界海上无线电服务的马可尼日"。

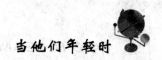

祖冲之的成才故事

祖冲之（429—500），字文远，南朝宋范阳人，我国古代杰出的数学家、天文学家、机械发明家。他一生有许多卓越的成就，最伟大的一项就是对圆周率精确计算。

圆周率就是圆的周长和一个圆的直径的比率。圆周率的应用非常广泛，凡是涉及圆的数学问题，都要用圆周率来计算。

在祖冲之之前有很多科学家都对圆周率作过计算，但都不够精确。直到三国末年，数学家刘徽创造了用割圆术求圆周率的方法，求得了 3.141024 的圆周率。这是我国古代在圆周率的研究方面所取得的一个光辉成就。

祖冲之就是采用刘徽的方法来探求更加精确的圆周率的。刘徽是通过做圆的内接正多边形的办法来求圆的周长的。内接正多边形的边数越多，边长的和就越大，也就越接近实际的圆的周长，求得的圆周率也就越精确。刘徽先在圆内做一个每条边都和圆的半径相等的内接正六边形。然后把每条边相对的弧线平分，做出一个内接正 12 边形。用同样的方法，可以做出内接正 24 边形、48 边形、96 边形……刘徽计算到 96 边形时，得出了圆周率是 3.14024 这个结论。

祖冲之决心把刘徽的结论再推进一步。运算的主要工具是一根根小竹棍——算筹。

这些天，祖冲之实在是太忙了，因此计算工作常常要在晚上进行。这一夜，直到东方发亮，祖冲之才完成了 96 边形的计算工作。他是在地上画的一个直径为一丈的圆上进行计算的。他计算的结果是：内接正 96 边形每边的长度是 0.032719 丈，各边边长总和是 3.141024 丈，圆周率是 3.141024，和刘徽的结论正好相符。祖冲之运用刘徽的方法，坚持不懈地进行着圆周率的计算工作。但是，内接正多边形的边数越多，每条边的长度就越小，计算起来，难度也就越大。

　　经过几年的艰苦奋斗，祖冲之在圆周率的计算方面终于超过了前人。祖冲之求出的圆周率在 3.1415926 和 3.1415927 之间，前者是不足近似值，后者是过剩近似值。同时，祖冲之还确定了圆周率的两个分数形式的近似值。一个比较精确，叫密率，是 355/113；另一个叫约率，是 22/7。

　　祖冲之计算出来的圆周率，是当时世界上最精确的圆周率。祖冲之提出的密率，在他去世 1000 多年以后，德国人奥托和荷兰人安托尼兹才计算出来。

　　祖冲之在数学方面作出了卓越的贡献。他曾把自己的研究成果写成了一本书，这本书的名字叫《缀术》。可惜这本内容丰富的数学专著后来失传了。

　　祖冲之 25 岁的时候，进了宋孝武帝创办的"华林学省"。在这里，他潜心研究各种天文现象，并取得了丰硕的成果。有一年正月十五的晚上，一轮银盘似的月亮，高高地挂在天空，在"华林学省"就读的书生们，三个一群，五个一伙，都在高高兴兴地欢度元宵佳节。忽然，不知道是谁喊了一声："月食！"书生们抬头一看，月亮的边缘果然出现了一条细细的黑线。接着，满街响起了铜锣声，许多人边跑边吆喝着："天狗开始吃月亮了，赶快救月亮呀！""华林学省"里也骚动起来，有的敲起了铜盆，有的敲起了铜壶，还一面敲打，一面吵嚷："快赶天狗啊，快救月亮！"人们东奔西跑，一片慌乱。

　　祖冲之从厢房里走出来，抬头看了看天空，月亮的边缘已经有一条半指宽的黑边了。看着学友们惊慌失措的样子，他感到既好笑，又惭愧。他走下台阶，向那些敲盆打壶、胡吵乱叫的人大声地说："学友们，不要吵嚷了，今天是十五，是可能发生月食的日子。这是地球把太阳光遮住了，不是什么天狗吃月亮！"一个身材细高、略微有点驼背的人正在敲着一只铜盆满院子里乱跑，听了祖冲之的话，不但没有住手，反而敲得更紧了。他一面敲，一面大声说："冲之，你看看天上，月亮快被天狗吃掉半个了，你还在这里胡言乱语，有罪呀！"祖冲之坦然地说："王相公，你停一停。我且问你，你怎么知道这是天狗吃月亮？"

　　身材细高的人说："这会儿我可没工夫跟你解释，救月亮要紧！再过一会儿，月亮就要被吃光了。"说着，又拼命地敲起铜盆来。

　　大约过了一个时辰，月亮又重新放出了光亮。"华林学省"里的书生们，已无心再过什么元宵节了，一个个垂头丧气，愁眉苦脸的。他们认为，正月十五发生月食，是最大的不吉利，预示着一年都要走霉运，天非降下大灾大难不可。已经是深夜了，他们还聚在一起交头接耳，议论纷纷。

祖冲之躺在床上，翻来覆去睡不着，刚才学友们的那些丑态老是在他眼前晃来晃去。他想，如果能预测到月食发生的具体日期和时刻就好了。祖冲之翻阅了大量的古代天文资料，又进行了坚持不懈地观测，他对月食产生的原因认识得更清楚了。经过几年的刻苦钻研，祖冲之终于精确地推算出了月食出现的具体时间。这使更多的人认识到，月食只是一种自然现象，它发生的时刻是可以预测的，因而再也不相信什么天狗吃月亮的神话了。

祖冲之幼年的时候，曾从他祖父的朋友、著名的天文学家何承天那里学习到很多天文知识，祖冲之很尊重何承天在天文、历法等方面所取得的成就。他仔细研究了何承天在元嘉二十二年制定的《元嘉历》，发现其中存在着明显的缺陷。就拿闰法来说吧。我们知道，阳历一年是 365 天，比阴历一年要多 11 天。为了能使两种历法的天数保持一致，历代天文学家都采用了闰年的办法。

何承天采用了每 19 年 7 闰的闰周。祖冲之经过精确地计算，发现 19 年 7 闰误差很大，每 240 年就要相差一天。于是他提出了每 391 年安排 144 个闰年的办法。这个置闰法，比 19 年 7 闰的误差要小得多。于是，祖冲之决定重新计算闰法，改革历法。

祖冲之的父亲祖朔之，听说了儿子提出要改变闰法的事，非常生气，便把祖冲之找来，狠狠地教训了他一顿。

祖朔之十分严厉地斥责他说："何老先生学识高深，博古通今，花了一生的心血，制定了《元嘉历》，而且实行了很多年，深受称赞。你才疏学浅，竟敢提出改变闰年的办法，真是太不自量力了！再说，何老先生是你的恩师，你这样做，是对长辈极大的不尊敬！"祖冲之不服气地说："我一向都很尊重何老先生，他的《元嘉历》确实比古代 11 家的历法都精密，这是众所周知的事实。但是他的历法也有些明显的差错。不能因为他是长辈，我们就把他的差错掩盖起来。"祖朔之被儿子说得很恼火，拍着桌子大声说："狂妄，简直是狂妄！"祖冲之并没被父亲的专横跋扈所吓倒，他继续苦心钻研有关天文的知识，决定制定一部科学的、实用的新历法。

祖冲之运用土圭测量日影的方法，证实了西晋的虞喜创立的"岁差说"

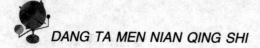

是有一定价值的。所谓岁差，就是太阳每年在地球上绕一个大圈子（实际上是地球绕太阳转一周）以后，并不回到原来的地方，每年都有很微小的位差。因而祖冲之主张在历法计算中运用岁差。他还在历法计算中引入了交点月。他定的交点月是 27.21223 日，这与现代测得的 27.21222 日非常相近。由于在历法计算中引入了交点月，这就为准确地推算日食和月食发生的时间创造了有利的条件。

　　生活在 1500 多年前的伟大科学家祖冲之，在数学、天文、历法、机械等方面都取得了惊人的成就，作出了杰出的贡献，他是我们伟大祖国的骄傲！

孙思邈的成才故事

孙思邈（约581—682）是我国唐朝杰出的医药学家。由于他对我国药物学的发展作出了杰出的贡献，被后代医学界誉为"药王"。

孙思邈编著的《千金要方》、《千金翼方》两部医学巨著，是医药学的集大成，在我国医学史上有着非常重要的地位。

孙思邈出生于京兆华沅（现在陕西省耀县的孙家源）。他小时候体弱多病，而且经常见到穷苦的老百姓生了病没有钱医治，只能悲惨地死去，加上自己对疾病有着切身体会，他的心中就有了一个信念："要认真学习医术，当个医生，好去救治成千成百的病人。"

为了实现心中的理想，孙思邈认真学习古代的各种医书，学习各种知识性的书籍，青年时代他的学识已十分渊博。

青年时的孙思邈就开始给人看病，解决了很多疑难杂症，名声也越来越大。宫廷要召他去做医官，但孙思邈宁愿留在民间行医，也不肯当官。

孙思邈用自己高明的医术为穷人看病。对于没有钱看病的人，他不但不收诊金，还免费送药，而且还腾出房子给远道来的病人住，还亲自为他们熬药。不论三更半夜，还是狂风暴雨，只要有人请他看病，他从来不推辞，一定立刻赶去救治。

有一次，孙思邈在路上看到四个人抬着一口棺材往前走，鲜红的血从棺材里滴出来。后边跟着一个哭得死去活来的老婆婆。孙思邈连忙赶上去问："老婆婆！棺材里装的什么人？死了多长时间啦？"老婆婆回答说："死了有几个时辰了。"孙思邈说："打开棺材，让我看一看好吗？"老婆婆一听，

拉住孙思邈说："您是医生吧？我的独生女难产，折腾了两天两夜，孩子没生下来，倒把她的命送掉了。今后的日子，叫我怎么过呢？她已经死了。您还救得活她吗?"孙思邈回答说："可以试一试。看流出来的血，可能还有希望。"

于是大家动手，把棺材盖打开。孙思邈走近一瞧，那妇人脸色苍白，没有一点儿血色，仔细摸了摸脉，觉出还在微弱地跳动。他赶紧选好穴位，给病人扎针，还用了特殊的捻针手法。不一会儿，一个胖娃娃"哇"地生了下来，产妇也渐渐睁开了眼睛。孙思邈拿出自己随身携带的药来，给产妇服下，不一会儿，产妇完全苏醒了过来。大家看到孙思邈救活了母女，惊奇地称赞他是神医。

孙思邈不仅广泛地收集民间药方，而且还亲自到家乡附近的五台山去采药，亲自加工炮制。他把长期搜集到的方子汇集起来，编成了一部书，叫《千金要方》。

孙思邈有着极其严谨的治学态度。举例来说，人的全身有 649 个穴位，其中 300 对双穴（就是在身体的左右两边各有一个穴位，名称相同，位置对称），49 个单穴（位于身体的正中线，不成对），在《千金要方》中，孙思邈弄错了，说双穴有 301 对，单穴只有 48 个，总数是 650 个。后来他发现这一数字不准确，就在《千金翼方》里更正过来了。

孙思邈在《千金要方》和《千金翼方》两本书里一共记载了药方 6500 多个，这些药方不仅数量多，而且治疗效果也很好。后来，人们为了广泛地传播这些药方，把其中比较重要的刻在石碑上，立在大家常到的地方。这种碑就叫"千金宝要碑"。为了纪念这位著名的医学家，人们把孙思邈尊称为"药王"。

孙思邈不仅注重医术而且还注重自我保健，他从小多病，却活了 101 岁，这与他注重保养身体，讲究卫生，经常锻炼身体是分不开的。孙思邈提出要人们养成讲卫生的好习惯，劝人们不要随地吐痰，不要把头蒙在被窝里睡觉，要按时吃饭，不要吃得过饱，要细嚼慢咽，吃饭以后要漱口。他每天都要练气功，锻炼身体，常常到野外采药，呼吸新鲜空气。孙思邈在 100 岁时仍面色红润，精力充沛，不但能看书写字，而且完成了《千金翼方》这部巨著。

沈括的成才故事

沈括（1031—1095），字存中。宋朝钱塘（今杭州）人。我国古代著名的科学家，著有《梦溪笔谈》。

小时候沈括随父辗转江南各地，饱览了祖国壮丽的河山，见识了各地的风俗民情。他酷爱读书并善于独立思考提出新见解。从小他就立下了读万卷书、行万里路的志向。1061年，沈括任宁国县县令，修复了"万春圩"，推广圩田。1063年，考中进士后，被推荐到昭文阁编辑校对书籍，开始对天文、历算进行研究。这期间，沈括写成了《南郊式》，对朝廷祭祀天地的郊祭典礼进行了修改和简化。他的主张很快就被采用，还被提升为太史令兼司天监，负责掌管图书资料、天文历法。后来又升任太常丞，掌管礼乐。

博学多才的沈括堪称中国古代科学的坐标。他在天文、地理、数学、物理、化学、生物、医药、水利、文学、音乐甚至军事方面，都取得了令人叹为观止的卓越成就，将中国的科学技术水平推向新的高峰。沈括的成就对后世产生了巨大的影响。他发明了隙积法，成为垛积术的创始人；沈括在世界上第一次发现了地磁偏角；他总结的指南针装置方法，为后世航海指南作出了巨大贡献；他编制的《十二气历》为后世的历法改革提供了新的理念；他的地质学理论和研究方法，至今仍被科学工作者广泛使用；他的著作《梦溪笔谈》被誉为"中国科学史上的里程碑"。这部书除了记载他一生科学研究的成果外，也记载了大量的中国古代的科学资料，其中对毕昇的活字印刷术，磁偏角、指南针、常州陨石等的记

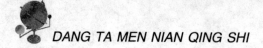

载，是我国古代科技的宝贵材料。

沈括不仅是一个科学家，他还是王安石变法的积极拥护者和参加者。他赞成王安石的"富国强兵"主张，并利用科学帮助改革派实施农田水利法，进行盐政改革，减轻农民负担，提高军队战斗力。

沈括还是一个出色的外交家和军事家，在北宋与契丹的边界争端上，沈括和契丹丞相一共进行了六次会谈，最后凯旋，不但维护了国家的领土完整和民族尊严，也震慑了契丹，使契丹从此不敢再轻视宋朝；在抵抗西夏的侵犯上，他先后出任延安州官和经略安抚使，其间不但注意整顿军纪，还改进兵器和阵法，增强了军队的战斗力，加强了军事防务。1081 年，西夏大举进犯北宋边境，沈括率领大军迎敌，大败西夏 7 万大军。

第二年，西夏又以 30 万大军围攻西北要塞永乐，以 8 万军队进攻绥德。只有 1 万士兵的沈括奉命力保绥德，无法解救永乐。结果永乐失陷，23 万名宋军全军覆没。因为沈括曾经支持新法，永乐失陷成了守旧派借机报复沈括的理由，污蔑他"抗敌不力"、"处理不当"，将他贬为均州团练。

1088 年，58 岁的沈括辞官归隐，回到润州梦溪园，集中精力创作《梦溪笔谈》。《梦溪笔谈》是宋朝科技史的资料库，是宋代劳动人民科学成果的结晶，既是我国古代科技史上的杰作，也是世界科技史中一份宝贵的遗产。1095 年，沈括在凄凉中病逝，享年 64 岁。

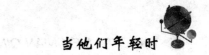

张衡的成才故事

张衡（78—139），字平子，东汉人，擅长天文、机械制造、辞赋。

公元78年，张衡出生于南阳郡西鄂县一个比较清苦的官僚家庭。环境的艰苦和生活的艰难激发了他艰苦奋斗的精神，他天资聪明，勤奋好学，不分酷暑、严寒发奋读书，熟读了儒家经典。他从小就喜欢数天上的星星，天长日久，在家人的讲解中，认识了不少星座。十六七岁时他就开始到外地游学，"游于三辅，因入京师，观太学，遂通五经，贯六艺"，终成一代文化伟人。

张衡一生为官清廉公正，不与权奸同流合污，所以仕途并不顺利。他曾因上书建议裁抑宦官权臣，而遭到奸佞联合弹劾，被贬为河间太守。111年，张衡被调回京师担任尚书一职，因此接触到了更多的黑暗与腐败，对社会深感悲愤与失望。于是，他专心致志从事科学研究，并取得了累累硕果。

张衡最杰出的成就是在天文方面，他继承和发展了浑天说，撰写了两部重要的天文学著作《灵宪》和《浑天仪图注》。在论著中他首次提出宇宙无限的观点，阐述了天地的形成、结构和日月星辰的运动本质，对月亮的盈缺和月食作出了科学的解释。117年，张衡根据浑天说制成了世界上最早使用水力转动的浑天仪。这是世界上第一架能够比较准确地观测天象的浑天仪，是划时代的伟大发明，推动了中国天文事业的发展。据《晋书·天文志》记载，将浑天仪放在暗室中叫人按时间记录它的运转情况，同时叫人在天文台上观测天象，两相对照，什么时候出现什么星，竟然完全相符。1092年，苏颂和韩公廉在他的启发下，创制了世界上最早的天文钟，这是中国古代最雄伟、最复杂的天文仪器。

在地震学上，张衡发明了世界上第一台地震仪——候风地动仪，这是张衡在浑天仪之外的另一个不朽的创造。地动仪全由青铜铸成，直径8尺，像一个大酒坛。周围铸有8条龙，头下尾上，按照东、南、西、北、东南、东北、西南、西北的方向排列着。龙头和仪器内部的机关相连，每条龙嘴里都

含着一颗钢球。8个龙头下，蹲着8只张着嘴的铜蟾蜍。地动仪内部有一根大铜柱，叫做都柱，都柱上粗下细，能够摇摆。都柱旁有8条通道，通道内安有机关，叫做牙机。一旦发生地震，都柱就会向地震的方向倾斜，触动通道中的牙机，而那个方向的龙头，就会张开嘴巴，吐出钢球，落在下面的蟾蜍嘴中，发出声响。据此，人们就可以知道地震的时间和方位。138年，张衡利用地动仪准确测出发生在距洛阳千里外的甘南地区发生了地震，证实了地动仪的科学性。

地动仪比欧洲发明的地震仪早了1700多年，在人类地震学史上具有重大意义。

在气象领域，张衡还发明了类似国外的风信鸡的气象仪器——候风仪，比西方的风信鸡要早1000多年。

在其他很多领域张衡都颇有建树，他发明过指南车、会飞的木雕、水力推动的活动日晷等机械仪器；写过一部数学专著《算罔论》，还计算出圆周率是3.1622，在1800年前，能有这样精密的计算，着实让人惊叹；张衡还研究过地理学，他绘制的地图流传了几百年；他还是东汉六大画家之一；在文学领域，他创作的《二京赋》，在形式和内容上把汉赋推向了一个高峰，被誉为"长编之极轨"，在中国文学史上占有重要地位。他写的抒情小赋《温泉赋》、《归田赋》等也极富文采，促进了汉赋的发展，对魏晋朝代抒情赋的发展产生了一定影响。张衡的新体七言诗《四愁诗》，也是脍炙人口的传世之作。

郭沫若先生曾经评价张衡："如此全面发展之人物，在世界史中亦所罕见。""万祀千龄，令人敬仰。"张衡为人类文明的发展作出了巨大贡献。

张仲景的成才故事

张仲景（约150—219），名机，字仲景，东汉南阳人。我国古代著名医学家，对中医诊断、治疗都作出了突出贡献，被后人誉为"医圣"。

张仲景从小就勤奋好学，读了很多书。当他在看过了扁鹊给人治病的故事后，很感动。他想："许多人只知道为自己打算，不管穷人的疾病和痛苦，我以后一定要像扁鹊那样，把救死扶伤、解除人民病痛当做自己的责任。"从此他便努力钻研医学，拜同乡名医张伯祖做老师，刻苦学习，年纪轻轻就掌握了丰富的医学知识。

张仲景生活在东汉的末期，当时张角领导了黄巾军农民起义，接着大地主、大军阀争权夺利，战争不断，田地荒芜，瘟疫（就是急性传染病，像痢疾、脑炎等）流行，天灾加人祸，弄得民不聊生。看到瘟疫每年都要夺去无数的生命，张仲景心里十分痛苦。他的宗族大家庭本来有两百多人，不到十年，将近三分之二的人却因此死去。张仲景便辞去官职，开始专心研究医学，给穷人看病，下决心要制伏瘟疫。

有一年夏天，湖南一带瘟疫大流行，此时恰好张仲景游历到这里。有个姓李的病人请张仲景去看病。他已经病了三四天了，头痛发烧，又无法大便，肚子胀得难受，连吃了两帖发汗药也不见效。张仲景问清病情，给他把了脉，发现脉跳得快而有力，看看舌苔，又黄又厚，摸摸他肚子，发现肚子也比较硬，在下腹部还隐隐约约摸到一颗一颗的小硬块。张仲景沉思了片刻，就对病人的母亲说："老大娘，您的儿子得的是伤寒症。（中医说的伤寒症，指的是霍乱、痢疾、流行性感冒、肺炎这一类急性传染病，不是西医所说的由传染性伤寒杆菌引起的肠伤寒病）。这种病起因是病邪侵入体内。起初病邪还在皮肤里的浅层，及时用点发汗药就可以治好。现在病邪已经深入到肠胃里面去了，再用发汗药，汗流得太多，身体吃不消，反而不好。这就不是对症下药了。不如这样，用凉药通通大便，倒可能把病邪给泻出去。"

病人的母亲一听，连声说："您说得对，您说得对！"张仲景就给病人开了药方。一帖药吃下去，病果然见轻了；再吃一帖，就能坐起来了。用"辨证施治"的方法，张仲景治好了无数得瘟疫病的病人。

张仲景不但勇于实践，还善于从实践中总结经验。

有一次，三个做小买卖的人在路上碰到了倾盆大雨，其中两个被雨淋病了，都来找张仲景看病。根据过去的经验，张仲景初步判断两人都得了感冒。于是给他们每人开了一帖麻黄汤，药量一模一样。第二天一早，张仲景先去看第二个病人。那个病人吃了药出了一身汗，已经好了一大半。张仲景嘱咐他再吃一帖药，再发点汗就会全好。再到第一个病人那里一看，这个病人吃了药确实也出了一身大汗，可是病不但没好，反而比昨天更厉害了。

张仲景觉得有些奇怪：两个人同样是头痛、发烧、咳嗽、鼻子不通，只是两个人脉跳的快慢有些不同，脉管的紧张程度也不一样，差别也不十分明显。思前想后，他才恍然大悟："哦！对啦！我没有注意到一个有汗，一个没有汗。没有汗的病人，吃了药发点汗就好了。另一个病人原来已经出汗了，吃了药又出了不少汗，可能是汗出得太厉害了。"于是张仲景决定给病人服用一种叫桂枝汤的汤药。病人服用了这种药，果然好起来了。此后，张仲景再碰到感冒的病人，先仔细加以区别，然后再进行治疗。

张仲景在医学方面不墨守成规，善于学习，勇于创新，发明了许多独到的医疗技术。

有个人上吊已经断气，大家都认为这个人没有生还的希望了。张仲景看到这一幕，心想："这个人也许是憋昏过去了，应当救救他。我不妨试一试，看能不能把他救活。"张仲景请了几位年轻的小伙子来帮忙，把上吊的人轻放在床板上，叫两个人站在他的头旁，把他的两只胳膊一会儿往上抬，一会儿放在胸前。张仲景叉开双腿，蹲在床板上，用两只手掌抵住他的腰部和上腹部，压一下，再松一下，正好和那两个年轻人的动作配合上。这样连续做了一顿饭工夫，那个人终于慢慢地呼吸了。不一会儿便睁开了眼睛，最后完全清醒过来。张仲景的试验成功了，又救活了一条人命。

张仲景还发明了灌肠法来治疗病人便秘。针对有些老年人和身体虚弱的人，服用清药身体无法承受，张仲景想了个办法，他把蜂蜜水或是猪胆汁从病人的肛门灌进去，帮助病人排解大便。蜂蜜水和猪胆汁灌到肠子里，肠壁

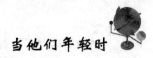

就受到了刺激，慢慢蠕动起来，粪便就比较容易滑出来了。

此外，张仲景写的书中还记载了用药物外擦，用药水灌洗耳道，舌下含药等特殊的治疗方法。

张仲景把多年行医的经验总结出来，写成了一部著名的医学专著——《伤寒杂病论》。在这本书里，一共记载了治疗传染病的方子30个，治疗原则397条，此外还有治疗各种杂病的方法。这部书经过后来人的整理，编成两部书。人们把介绍急性传染病的，叫《伤寒论》；把介绍各种杂病的，包括内科、外科、妇科和饮食卫生等内容的，叫《金匮要略》。

张仲景的医学功绩，对我国医学发展有很大影响，为了纪念张仲景对医学的贡献，人们把他尊称为"医圣"。

马钧的成才故事

马钧是三国时期机械制造方面著名的专家。他制造出了一种名叫翻车的提水器械，这种机械结构精巧，使用方便灵活。只要人们转动它，许多只水斗就会通过转轮不停地循环出入，使水连续流出，大大提高了田园的灌溉能力，有力地促进了农业生产的发展。此外马钧还研制了"水转百戏"、织绫机及上古失传的指南车、攻城用的发石机等。

马钧从小就爱钻研，他创造并改革了很多生产工具。马钧出身于贫苦人家，深深体会到了劳动人民的疾苦。当时纺织用的织绫机非常笨重，操作起来十分吃力，且效率非常低下。为了提花，把经线分成了 60 综，每一综用一个蹑操纵，一共有 60 个蹑。蹑这样多，织起绫来自然很费劲。马钧改革了这种织绫机，他把原来的 60 综并成了 12 综，蹑就相应地减少到 12 个。他还改进了一些其他装置，使其操作更加轻便，这样织绫机的效率较以前提高了 12 倍以上。马钧改革的织绫机，为后来制造和推广家庭用的织布机奠定了基础。

作为魏国都城的洛阳城内有一片坡地，由于地势较高，无法引水灌溉，一直荒芜着。马钧决定帮助老百姓把这片荒地改成菜园。他发明了一种把河水提上坡地的工具——翻车。这种翻车轻便灵巧，具有很高的效率，它的发明成功地解决了引水浇灌坡地的问题。

马钧在兵器方面也有许多发明。当时，魏国和蜀国经常打仗，蜀国丞相诸葛亮发明了一种武器叫连弩，可以一连发射很多支箭，对魏国的军队威胁很大。马钧发现诸葛亮的连弩，虽然精巧，但也有其不足之处。他对这种武器加以改进，使其威力较以前提高了五倍。后来他又发明了一种攻城用的转轮式发石机，能连续发射很多石块。这是当时威力很大的武器，能把许多石块像冰雹一样，抛到几百步以外的敌人阵地或城楼上去。

有一次，有人献给魏明帝一套木偶。木偶没有人摆弄，当然不会动弹。魏明帝问马钧："你能使这些木偶自己活动吗？"马钧拿起木偶翻来覆去瞧了

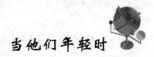

一阵，仔细琢磨它的结构，回答道："能！"魏明帝又问："你能使这些木偶表演吗？"马钧回答道："能！"马钧造了一个小戏台，下面装一个用木头做成的原动轮，用水力使它旋转。原动轮和台上的木偶都有机关相连接，它一旋转，所有的木偶就开始表演：有的打鼓，有的吹箫，有的舞剑，有的在麻绳上行走倒立，进进出出，变化多端，好不热闹。

马钧一生有很多发明创造，但面对自己所取得的成绩他从来不骄傲自满。当时有个地理学家叫裴秀，自以为自己才华横溢，瞧不起马钧，要找马钧辩论。马钧听说后，就经常避开他。裴秀更加得意了。著名学者傅玄很为马钧鸣不平，他对裴秀说："你的擅长是辩论，马先生擅长则是智巧。你用自己擅长的去攻击马先生，当然会占上风。要是你和马先生较量智巧，你也许不如人家！马先生非常谦虚，不愿和你纠缠，所以一直避开你，你还不知道吗？"裴秀这才没话说了。

由于社会的原因，那个时代的贵族官僚看不起科学技术，他们把科学技术看成"雕虫小技"。他们对马钧的技术发明并没有给予重视，但是马钧改革的织绫机、发明制造的翻车等，都受到了广大劳动人民的欢迎，马钧发明的工具对社会生产力的发展起到了巨大的推进作用。

毕昇的成才故事

毕昇，生卒年，籍贯不详，北宋印刷匠，他在世界上第一次发明了活字印刷术。

毕昇是北宋汴梁万卷堂书坊的一名印刷匠，万卷堂书坊是汴梁城里最大的一个专门经营雕版印刷的手工业作坊。所谓的雕版印刷就是：先把文字抄在半透明的纸上，再把纸反贴在一块枣木或梨木板上，然后进行雕刻。

随着文化事业的逐步发展，人们越来越感到雕版印刷术已不能满足日益发展的社会需要了。

万卷堂书坊的雕刻匠们早就盼望着雕版印刷术的改革了。因为字难免会刻错，刻错了又无法改正，不但会遭到书坊主的谩骂和殴打，而且还会被罚掉工钱。

年轻的毕昇，就开始琢磨改革雕版印刷的问题。经过长时间的苦苦思索，他从图章上受到了启发。他想，像图章一样，一个方块刻一个字，然后排列起来，粘在一块，这不就和雕版一样了吗？等不用的时候，还可以拆下来，下次再用。就这样他终于想出活字印刷的方法来了。

这时已经是 1048 年的冬天了。半夜时分，毕昇的小屋子里依然还亮着灯。虽然天气很冷，但是他仍然伏在桌子上用小刀在一块块半寸见方的小木块上刻着字。手冻僵了，就用嘴嘘嘘热气再刻。他的妻子几次催他歇息，他只是口里答应着身子却不动。就这样，他白天上工，晚上刻字，终于把3000多个常用字刻完了。毕昇的脸上露出了欣慰的笑容。

第二天天刚亮，毕昇就起来了。他急急忙忙吃过早饭，便背着个大柳条筐，跨进了万卷堂书坊的雕刻工场。毕昇把自己的想法告诉了大家。

毕昇把木活字夹在一块有方格的铁框板里，用烧化了的松香之类的东西把没有字的一头粘在铁板上，拼成了一块活字版。看到这里的时候，大家禁不住点头称赞。

毕昇在字上涂了油墨，再在上面铺上白纸，然后用棕刷一刷，一张印刷品便呈现在大家面前。接着，一张，十张，三十张……印一张，大家叫一声"好"。

可是印着印着，字迹渐渐变大了，笔画也越来越模糊了。"怎么回事？"大家不约而同地问道。

毕昇也紧锁着眉头，疑惑地说："这是哪里出了毛病呢？"一位老师傅看出了问题，他问毕昇说："你用的是什么木料？"

毕昇说："杉木。"那个人听了点头说道："这就是出毛病的原因了。杉木木纹粗，质地软，最容易吸水变形。用它刻成的字受墨多了，就会膨胀起来，因此字迹就变得越来越不清楚了。""那怎么办呢？"大家你一言我一语纷纷议论起来。有人提议用枣木或梨木代替杉木，但是大家认为价钱太贵，还是找一种经济些的东西代替为好。这时有个师傅忽然说道："我想，最好能用一种既便于雕刻又不吸水的东西代替。"

正在这时，一个年轻工匠提着一把茶壶，拿着几个茶杯走过来，准备倒水给大伙儿喝。毕昇一见茶壶，心中猛然一动，便脱口而出："有了！有了！用它就行！"

大家听了毕昇的话都有些莫名其妙。毕昇镇静了一下，微笑着说："我看到了茶壶，猛然想起制活字的东西来了。如果用泥巴弄成坯并刻上字，再放进窑里烧，不就可以制成不吸水又不易变形的活字了吗？""好，这个办法好！值得试一试，看看行不行。"大伙儿异口同声地说。就这样，毕昇在大伙儿的启发下，终于想出了制活字的材料。

为了制泥活字，毕昇就在自己家里垒起了一座小窑。他还请来了雕刻场里的几位师傅帮忙。他们先把捶打好的胶泥制成半寸见方的"小土坯"，上面刻上铜钱边缘一样厚薄的字。每个字都要刻好几个印模，如"之"、"也"等

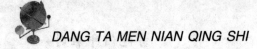
一些常用字，得刻上 20 来个印模。几千个字刻完后，毕昇便亲自点火烧窑。

出窑这天，许多人都来观看，只见一套笔画清晰、坚如牛角的泥活字摆在了大家面前。

在大家的祝贺声中，毕昇进行了活字印刷的演示。

一张，两张，十张，一百张……张张都很清晰。

活字印刷试验圆满成功了！我国及世界印刷史上第一次划时代的革命成功了！毕昇发明的活字印刷，不仅提高了印刷效率，而且也极大地推动了科学文化的发展，为全人类的文化繁荣作出了巨大贡献。

李时珍的成才故事

李时珍（1518—1593），字东璧，号濒湖，我国明代杰出的医药学家。

李时珍的父亲是当地有名的医生。为了方便给病人治病，他在自家的后院里，种了许多各式各样的草药。李时珍三四岁的时候，母亲常常搬出一把小凳子，放在后院门口，让他坐在那里看自己给那些草药浇水、施肥。

李时珍随着年龄的逐渐增长，萌发了想跟父亲学医的念头。当时医生的社会地位很低，父亲本希望李时珍能走仕途，光宗耀祖，但在李时珍的多次恳请下，终于被他打动，答应让他学医。李时珍跟父亲学医，十分勤奋，医术也越来越高明。他很快就成了远近闻名的医生。

可是有一次，一个病人在吃了李时珍开的药以后，病情不但没有减轻，反而加重了。这是怎么回事呢？李时珍仔细地查找原因，最后才从药渣里发现，是药铺根据一部本草书上的错误记载，把有毒的虎掌当做无毒的漏篮子用了。

他总想：用药是否恰当关乎人命，旧本草的错误这么多，是该重新修订一下了。否则，不知今后还会危害多少病人呢！

有一天，李时珍对父亲提出重修本草的想法。听儿子说要修本草，父亲不禁大吃了一惊："旧本草是该修了，可修本草并不是件容易的事，那要靠官府找许多名医才能办成。你一个人怎么能行呢？"然而李时珍下定决心要重新修订本草书。

从那以后，李时珍除了继续给人看病，还抓紧一切闲暇时间读书，为修订本草书作准备。10年过去了，他读了800多种医药书籍，摘记了好几柜笔记。

有一年，朝廷要各地推荐名医到京城的太医院当太医，李时珍也被选上了。李时珍满怀着施展自己才学的希望来到这里，可是没想到，当时的嘉靖皇帝只迷信一些道士的说法，妄想服用仙丹以求长生不老。他让那些受到自己宠信的道士把持太医院，像李时珍这样有真才实学的医生却得不到重用。

李时珍接连几次向太医院提出要重修本草书的建议，可是，在这些只知道骗人取宠的道士把持着的太医院里，有谁能听进他的建议呢？有些人甚至还骂李时珍是"草包医生"，要修本草是妄想。

李时珍的希望落空了。他知道在太医院里要实现自己济世救民、重修本草的愿望是不可能了。于是他在太医院待了不到一年的时间，就假托有病，辞职回到了家乡，继续修订本草书。他发现，要想验证旧本草的内容，光靠收集书本知识是远远不够的，必须走出家门，到深山僻野去采集那些药物，还要向那些熟悉它们的人请教才行。于是，李时珍带着学生庞宪、儿子李建元一起出外考察。

一路上，李时珍不断地向农民、猎人、樵夫、药农、工匠等请教，广泛搜集民间偏方、秘方，并把它们一一记录下来。这次考察，历时数年，足迹遍布湖北、安徽、河南、河北、江西、江苏等地，每到一处，他都认真考察当地的特产药物，千方百计地采摘各种草药，搜集有价值的标本。

为了撰写《本草纲目》，李时珍几乎读遍了所有他能找到的古医书，并且走了上万里路。他想把自然界所有的草药，都写在这本书里。

有一次，李时珍读了一本名叫《刘郁西使记》的书。书里记载着一种叫"撒八儿"的药。这种药很奇特，据说出产在西边的大海里。它起初是由一种叫玳瑁的动物吐出来的东西，后来又被大鲛鱼吞了下去，经过了很多年以后，才变成"撒八儿"，据说样子很像犀牛屎。

李时珍没有见过"撒八儿"，问过许多人，也都说不知道什么叫"撒八儿"。

有一天，李时珍去向一个很有学问的人请教。这人经历过许多事情，还曾经到过外国。当李时珍向他问起"撒八儿"时，那人笑了笑，说："那次我到西域时，听人说过这种东西，可我也没见过'撒八儿'是什么模样。我在京城里，早就听过您的大名，人们说您是当今最有学问的人，我还想有机会向您请教呢！"

李时珍觉得十分惭愧，他深深体会到自己的知识有限，还有很多东西不知道。他谦虚地说："这种药我没见过。'知之为知之，不知为不知'，我哪敢不懂装懂呢？"

后来，直到写完《本草纲目》的时候，李时珍还是没见到过"撒八儿"。于是，李时珍就把这种药写在书里，并且注明说：《刘郁西使记》这本书中说"撒八儿"像金子一样贵重。既然这么贵重，必定很有用处。可惜，我始终没见到过。现在我把它记在这儿，等待以后高明的人来补充，看它究竟是个什么东西，能治什么病。

1578年的一天，在李时珍面前的书案上，整齐地摆放着几尺高的书稿。这部凝结着他一生心血的书，经过三次较大修改，终于完成了。从1552年李时珍写这部书算起，已经整整经历27个年头了，他也从一个30多岁的青年，变成了60岁的老人。他给这部书取名叫《本草纲目》。

为了让《本草纲目》能够流传下去，李时珍从湖北家乡来到了当时刻书业最发达的南京，可是那些书商们都认为刻这种书不能赚钱，因此都不愿意刻印。没有办法，李时珍只好返回家乡，刻书的事就被暂时搁置下来了。

后来，一些急需用《本草纲目》这部书的人，看到书印不出来，就自己动手把书抄录下来用，《本草纲目》就这样逐渐流传开来。直到几年以后，一位喜欢藏书的人，看到了这部书的手抄本，认为这是一部很有价值的医书，愿意出钱把书刻印出来，李时珍的愿望才得以实现。这时候，离书稿完成的时间已经快有10年了。

后来，在张居正的极力推荐下，明神宗才知道《本草纲目》的实用价值，下令翻刻印行。从此，《本草纲目》开始在国内广为流传，成为中医案头的必备书籍。后来，它又先后被译成了英、日、德、拉丁等许多种文字，广泛流传于全世界。

《本草纲目》全书共52卷，共计190多万字，记载的药物有1892种，每种药物都详细地记述了它的产地、形状、颜色、气味、功用和采集、制作的方法。对不常见和易于搞混的药物，还附有1160幅插图，这些图形象逼真，很容易辨认。在书里，李时珍不但纠正了前人的许多错误，还增补了374种新药。更为可贵的是，书里收集的1800多种药物，绝大部分都经过了李时珍的反复验证。除了记述各种药物外，《本草纲目》里还搜集了11000多个药方，并对各种药物如何使用，也都作了详细的介绍，尤其是李时珍在书里创制的植物分类法，比欧洲科学家提出来的时间早了100多年。

徐光启的成才故事

徐光启（1562—1633），字子先，号玄扈，明代徐家汇（今上海）人，著有《农政全书》。

徐光启出生于上海的一个破落的商人家庭，为了生活，他只好在私塾里当了教书先生。

一天，他读到了李时珍的医药巨著《本草纲目》。他为李时珍那种花费整整27年时间，历尽千辛万苦著书立说的精神深深感动。

一个初秋的下午，徐光启拜别了父母，和几个朋友一同乘船前往太平府参加举人考试，他想以求取功名这条路来实现自己为国出力、倡明学术的远大抱负。但是因为徐光启对八股文缺乏深入研究，结果名落孙山。

后由朋友介绍，他到南京一个大户赵凤宇家里当了家庭教师，后来他又随赵家来到广西浔州。有一天，这家来了一个广东客人，闲谈中说起广东韶州有个上识天文、下知地理的传教士。徐光启听了以后很想见见此人。几经打听，才找到了那个名叫郭居静的西洋传教士。他们一见如故。

从郭居静那里，徐光启第一次听到了意大利物理学家伽利略的名字，第一次知道西方有个叫阿基米德的人及他的著作《几何原本》一书，还听说了地球仪，也看到了教士的自鸣钟，得知造钟的第一个人是丹麦的泰古·布刺。

这些西洋的新鲜事儿，不仅开阔了徐光启的眼界，打开了他的思路，也引起了他对一些问题的深思。

徐光启36岁时，从广东来到北京的顺天府，第八次参加举人考试。徐光启得中顺天府头名举人。

1604年，徐光启中了进士，被选为庶吉士，进了北京翰林院学习。在北京，他更透彻地了解到了明代晚期朝政的腐败、国家的穷困和人民的痛苦。这一切更坚定了他潜心立志、科学救国的主张。他非常重视从国外引进的先进科学著作，常常以它们为依据来进行学习。可惜他不懂洋文，于是他请洋

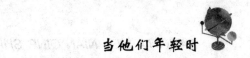

教士利玛窦口译，自己则用笔记录。就这样，他们花了一年多的时间，译成了《几何原本》的前六卷，后因利玛窦不肯继续合作，后六卷没能译成。

接着他又与洋教士熊三拔等人合作，先后编译了《测量法义》、《勾股义》等西方科学著作。这些引进的数理科学著作，在国内出版后，立刻引起了全国知识界的重视和好评。

除了数学方面，徐光启还翻译了许多关于测量、水利等方面的著作。"地圆说"和"经纬度"的概念，也是他译著出版后，才在我国推行普及的。这些西方自然科学的引进，为我国近代科学的发展开辟了崭新的途径，所以后人称徐光启是我国近代科学的启蒙大师。

在引进国外科技的同时，徐光启也十分重视国内实用科学的研究和推广，尤其是对农业科学的研究最为关注。徐光启极力赞扬商鞅等前人的"农本"思想，主张"富国必以本业，强国必以正兵"。他不仅多次上书建议垦荒屯田、兴修水利，而且亲自上田间垦荒，对多种作物的栽培技术进行深入研究，并且还提出了改良生产工具、改进耕作方法和播种高产作物等许多有效措施，从而把我国传统的农业科学向前推进了一步。

徐光启撰写的著作涉及的范围很广，其中最重要的著作是《农政全书》。这部巨著在我国农业科学遗产的宝库中极负盛誉。《农政全书》共60卷，50多万字。其中作者自己写作的约有6万多字，其余都是收录的大量古代文献。徐光启不仅"杂采众家"，对大量材料进行分类汇编，而且还加了不少评注，表明了自己的见解。

徐光启融会中西科学还突出地体现在修订历法方面。我国的历法到宋、元时代已经相当完备，但还不够精确。1629年5月5日发生了"天狗吞太阳"（即日食），钦天监以旧历推算的时间发生了误差，致使皇帝为了救护太阳，而在烈日下等候多时，结果龙颜大怒。而徐光启运用西法推算的结果跟实际时间非常接近。趁此机会，徐光启又一次上书建议修改旧历，最终获得了皇上的准许，于是成立了西法历局，由他主持修订历法。他主张在弄清天体运行规律的基础上，制定新的历法。

徐光启继承了我国古代历法的可取之处，又同罗马、德、奥等国著名大学联系，以吸取最新知识。他还引进了欧洲的时辰钟和伽利略发明的望远镜，并且通过对天象进行精密观察，绘制了一幅《全天球恒星图》。他对天文的研

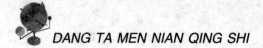

究，已接近当时世界先进水平。经过三年的辛勤劳作，到 1632 年，他准备编辑出版的共 74 卷的《新历法书》，按计划已完成过半。

根据新历法来预测日食，其误差已减至半刻钟之内，其精密程度和当时欧洲的历法不相上下。我国沿用到现在的农历，就是在《新历法书》的基础上编制的。

徐光启在科学方面的功绩并不仅仅局限在科学的某一门类，他多方面地融会了我国古代科学的成就和当时外来的科学知识，在数学、天文、历法、农业科学、军事科学等各方面都取得了巨大的成就，作出了卓越的贡献。

1633 年深秋，在科学事业上整整奋斗了 50 余年的徐光启病倒了。他躺在病榻上，仍不顾虚弱的病体，拼命地写书，想争取时间把《新历法书》写完，他的病情也就因此而越来越重了。

没过多久，他便与世长辞了。徐光启主持督修的新历虽然没有最终完成，但仍抹杀不了徐光启在修编新历上所做出的成绩。

徐光启是中国明代杰出的自然科学家。他的科学研究，促进了当时社会生产的发展。他献身科学的伟大精神，将永远留在人们心中，并激励着人们不断前进。

茅以升的成才故事

茅以升（1896—1989），浙江人，是我国著名的桥梁专家，主持修建了我国第一座长江大桥——钱塘江大桥，为我国桥梁事业的发展作出了杰出的贡献。

茅以升的爷爷很会讲故事，小的时候，爷爷经常给他讲故事，其中有一个故事令他印象最深，讲的是：古时候，在遥远的东海有一座山，山上住着一位白胡子老爷爷，他有一支神奇的笔，用它画鸟，鸟就能在天空中飞翔；用它画鱼，鱼就能在水中畅游；用它画桥，桥马上就会飞跨在江河上……多少年来许多人都想得到那支神笔，希望过上幸福美满的生活，但是没有人知道如何得到它的秘诀，所以也没人得到过这支神笔。茅以升听到这里迫不及待地问："这秘诀是什么呢？要是我知道了秘诀，不就可以造桥了吗？"

原来，在茅以升的家乡，只有一座桥。一次，由于年久失修，人们一拥而上挤塌了，很多人掉进河里。这些人都是从四面八方赶来参加这次规模盛大的庙会的。这件事极大地震撼了茅以升，他暗暗立志，长大了一定要为大伙造一座结结实实的桥。

听了茅以升的话，爷爷笑着从桌上拿起了一支笔，在茅以升的手心里写了两个字并拉着他的手说："这就是神笔的秘诀，只要你掌握了它，没有什么事是办不成的。"茅以升得到的秘诀是"勤奋"两个字，这两个字让茅以升陷入了深深的沉思，似乎明白了爷爷对他的殷切希望。

从此以后，茅以升时刻把"勤奋"

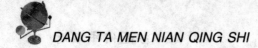

二字牢记心头，从不浪费一点时间。一个偶然的机会，他看到一本书上圆周率的数字写到了小数点后面 100 位，便灵机一动，我何不用背圆周率来提高自己的记忆力呢？从此，茅以升就天天背起了圆周率。一次新年晚会的时候，茅以升熟练地把圆周率小数点后 100 位背出来，惊呆了全场的老师和同学，赢得了持续不断的掌声。

茅以升不但注意提高自己的记忆力，还注意培养自己的学习能力。在唐山路矿学堂学习的五年时间里，他共记下了大概有 900 多万字的 200 多本笔记。就算以每天记 2000 字的速度，光是抄，也需要 14 年的时间。

1916 年，茅以升以第一名的成绩考取了仅收 10 名的北京清华学堂的留美官员研究生。

茅以升为了儿时梦想的神笔，付出了多年艰苦的努力。有志者事竟成！他设计建造的许多座桥梁，正是他为祖国和人民"画"出的巨大贡献。

林巧稚的成才故事

林巧稚（1901—1983），福建厦门人，著名的妇产科专家。

林巧稚于 1921 年 7 月毕业于厦门女子师范学校，毕业后她就乘轮船赶往北平参加协和医科大学的招生考试。一同前往的同伴看到巧稚很自信，就问："巧稚姐，如果考不上协和怎么办？"巧稚很坚定地说："如果考不上，我就留在上海，找工作自己养活自己。然后继续复习功课，明年再考。"

前两天的考试都很顺利，可偏偏到了巧稚最拿手的英语考试时，却出现了意外。信心十足的她不一会儿就做完了大半部分，可和她一同前来赶考的姑娘却突然晕倒在考场里。

监考的美国教师用英语大声问："你们谁认识她？"林巧稚看了看只答了一半的考卷，站起来毫不犹豫地回答："我认识她。"

她放下笔，来到这位姑娘的跟前，仔细观察后发现是中暑了。巧稚马上作了一些处理，又给她在上海的亲戚打了电话。一切办妥之后，她刚回到座位准备答卷时，结束的铃声响起了，巧稚无可奈何地把只答了一半的试卷交给了老师。

回到住处，巧稚闷闷不乐，不知道今后的命运会怎么样。英语试卷没做完，这次肯定没希望上大学了。时间一天天地过去了，就在她几乎绝望的时候，一张录取通知书飞到了她的手中，惊喜万分的她简直不相信自己的眼睛，发呆地看着通知书上"林巧稚"三个字。

后来林巧稚才知道，她的英语试卷虽只做了一半，但她前两场成绩考得很好，而且从她已做好的英语试题中不难发现她的英语水平非常高。再加上她在考场上勇于救人、冷静处理问题的表现，这已充分证明了她具备做一名医生的基本素质，因此学校决定破格录取她。

北平协和医学院是当时美国教会办的一所医科学院。它是医学院又是医院，学制长达八年，对学生要求特别严格。林巧稚在这里刻苦学习了八个春

127

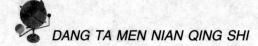

秋，1929 年毕业后又以优异成绩获得医学博士学位，并留在协和医院工作。

林巧稚参加工作第一天起就刻苦敬业，决心将自己的一生都奉献给自己所热爱的医学事业。过去的协和医院，通常妇女只能担任护理员和护士，而林巧稚不仅是第一个女医生，而且还成为了第一位女主任。她整天忙着为病人治病，把全部的爱献给了医学，献给了产妇和婴儿。

由于她的工作成绩特别突出，1932 年和 1940 年曾先后被派往英国和美国进修，还到过奥地利进行考察。回国后，林巧稚继续默默奉献在医院的医疗第一线，数十年如一日。

林巧稚具有丰富的妇产科临床经验，长期献身于妇产科的医疗、教学和科学研究工作，她医术十分精湛，医德无比高尚，得到了人们深深的爱戴，千千万万的产妇、儿童都亲切地称她妈妈、奶奶。被誉为医学界女英雄的她，在国内外都享有盛名，她培养人才、舍己为人的医疗作风一直被人们传颂至今。

童第周的成才故事

童第周生于 1902 年，是我国著名的生物学家。

童第周出生于浙江鄞县的一个名叫童家的山村里。他的父亲是一个秀才，在村里办了一家私塾，童第周是家里的第七个孩子。一个私塾先生要养活这么一大家人是相当不容易的，因此，少年时代的童第周根本不可能到外地去上洋学堂，只能随父亲在村子里的私塾念书。

几年之后，二哥被聘为宁波一所中学的教员，童第周便随二哥来到宁波，他在宁波师范预科念了一年，便决定投考宁波颇有名气的效实中学。

二哥知道了童第周的打算后，急忙加以阻止。他对弟弟说："效实中学三年级全用英语讲课，你在师范预科学的那么一点英语根本不够用，不要说你考不上，即使考上了，你也跟不上班啊！"

童第周告诉二哥，自从他有了投考效实中学的念头以后，他就在英语上格外下了一些工夫。而且，考期在暑假之后，他还有一个假期可以准备功课。因此，对于进入效实中学，他充满信心。

二哥见弟弟如此有志气，也就不再阻拦。童第周参加了插班生的考试，果然被录取了，只是在录取者的名单中他是倒数第一名。

但进入效实中学后，他的英语无法达到听课的水平，几何也使他伤透了脑筋。然而，童第周并不因此而气馁。为了使英语和几何成绩能够尽快赶上去，他起早贪黑地刻苦攻读。

一年下来，他不仅英语成绩不再落后，而且数理化成绩也名列前茅，几何还考了 100 分。

童第周高中毕业后的第二年，考入了上海复旦大学哲学系心理学专业。后来，在蔡堡教授的引导和帮助下，他又对胚胎学产生了浓厚的兴趣，没想到，这竟奠定了他一生事业的基础。

1930 年 8 月，童第周来到了比利时的布鲁塞尔留学。

热情的女房东介绍他去比京大学校长、第二国际党员勃朗歇尔教授那里工作。童第周到比京大学的第一天，勃朗歇尔就领着他去参观自己的实验室，并且把他介绍给自己的助手道克。当时，这个实验室正在进行一项难度极大的实验——剥离青蛙卵的卵膜，但是几年来，也没有成功过。卵膜的剥离成了实验工作的拦路虎。

第二年春天，勃朗歇尔教授病倒了，由道克接替实验室的工作。有一次，道克做青蛙卵膜的剥离手术又未获得成功。于是，他对童第周说："童先生，我看你的手很灵巧，你是否愿意试一试这个令人头痛的剥离手术？"

童第周坐到了解剖显微镜旁，操起一把尖利的钢镊，把一个青蛙卵钳到玻璃盘中，然后用一根钢针在卵细胞上轻轻一刺，胀鼓鼓的卵细胞立即松弛下来，变成了扁圆形。然后，他又用两把尖利的钢镊同时夹住卵细胞的中央，均匀地向两边一撕，卵膜立即被剥离得干干净净。整个手术过程用了不到5分钟。

站在童第周身后的道克看到这种灵巧而又娴熟的动作，情不自禁、使劲地摇晃着童第周的双肩："中国人了不起，真了不起！你战胜了上帝，为我们的实验开辟了一条道路！"实验室的其他人也围了过来，问童第周使用了什么"魔法"。

童第周一边重复着刚才的手术，一边解释说："其实道理很简单，因为卵内有压力，所以剥离就很困难；只要先在卵膜上刺一个洞，卵内压力就会降低，这样剥离手术就容易多了。"

从此，童第周赢得了更多的信任。经道克推荐，他所撰写的一篇关于"定位受精"的论文于1931年发表，并作为博士论文通过了答辩，从而获得了博士学位。

这年夏天，童第周同道克一起来到了法国海滨实验室，做海鞘的研究实验工作。他的才能在这里又一次显露出来，实验进行得很顺利，夏末秋初，他又返回了布鲁塞尔。就在这时，日本帝国主义在我国东北制造了震惊世界的"九·一八"事变，开始了对东三省的大举入侵。

1933年底，童第周绕道英国，踏上了归国的路途。童第周回国后，先是受聘于山东大学生物系，然后又到复旦大学生物系任教。当时的复旦已从上海迁移到了四川重庆附近的北碚。

有一天，他路过一家商店，发现那里有一架旧显微镜在出售，可价格却高达 6 万元。对于他这个穷教授来说，6 万元无疑是个天文数字。第二天，当他再次来到这家商店时，发现价格竟然涨到了 6.5 万元。

从那以后，童第周就像着了魔似的，每天都要有意无意地转到那里看一看，生怕它被别人买走。童第周的妻子叶毓芬卖掉自己全部的首饰，又向亲戚朋友去借，最后终于凑够了买显微镜的钱。

有了显微镜，科研工作便顺利地开展起来了。高质量的论文一篇接一篇地从这个小镇寄了出去，引起了国内外生物学界的密切关注。

1943 年，英国科学家李约瑟到重庆考察，特别提出要见童第周。童第周领着李约瑟到几个鱼缸旁边转了一圈，然后来到了显微镜前。他对李约瑟说："您刚才见到的，就是我的全部家当。"

李约瑟感到相当吃惊："难道你就是在这样简陋的条件下完成研究工作的吗？"

童第周点了点头。

"奇迹！科学史上的奇迹！"李约瑟赞叹道。

临别的时候，李约瑟又问童第周："布鲁塞尔的实验条件很好，为什么你没有留在那里，而偏要到这里来搞实验呢？"

童第周只回答了一句话："因为我是中国人。"李约瑟听得出这句话的分量。他微笑着竖起了大拇指："中国人有志气。"小镇上的会晤，给他们两人都留下了美好的印象。

新中国成立后，童第周来到中国科学院动物研究所。在生物遗传学和胚胎学领域，美国科学家摩尔根通过对果蝇的实验研究，建立了遗传学体系，成为一名享誉世界的人物。童第周十分尊敬这位大名鼎鼎的学者，但有一个问题长期困扰着他：摩尔根的染色体学说认为，世界上千差万别的生物，在传宗接代的家谱中，之所以能保持子孙相传的遗传性状，主要是通过染色体的化学成分来控制的。指导细胞一切生命过程的指令，都是从细胞核发出的，细胞质只能接受细胞核的控制，而不能在遗传中有所作为。

情况究竟是不是这样呢？惟有通过实验研究来加以证明。童第周和他的研究小组以金鱼和鲫鱼为研究对象，开始了一项前所未有的实验。结果证明：生物性状的遗传，并不完全取决于细胞核，细胞质也表现出了其主动、积极

的作用。

童第周的成果引起了整个生物学界的关注。1972年，美籍华裔学者、美国费城坦普尔大学生物系教授牛满江来华探亲，特地参观了童第周的实验室。他回到美国以后，立即给童第周写信，提出了合作研究的愿望。这以后，童第周和牛满江共同进行以金鱼和鲫鱼作为对象的实验。

经过辛勤而富有创造性的工作，终于取得了令人振奋的成果：他们把从鲫鱼的卵细胞质里提取的信息核糖核酸，注射到金鱼的受精卵细胞质里，结果得到了一种性状有着明显变异的鱼种。这种鱼虽然有着金鱼那样肥大的头部和丰满的躯干，浑身也披着金光闪闪的鳞片，但却脱去了金鱼那条华丽的纱裙，换上了像鲫鱼那样利落的单尾。在他们用这种方法培育出来的320条幼鱼中，有106条出现了单尾的性状，占总数的33.1%。这证明核糖核酸对生物的遗传发育有着明显的影响。人们亲切地把这种鱼称为"童鱼"。

粉碎"四人帮"后，童第周担任了全国政协副主席和中国科学院副院长等社会职务，虽然这时他的脑血管和心脏都出现了明显的病症，他仍然夜以继日地进行着科研工作。1979年3月30日，科学界一颗璀璨的明星，在辛劳忙碌中陨落了。

周培源的成才故事

周培源（1902—1993），江苏无锡人。我国著名的物理学家、教育家、社会活动家，中国科学院院士。

周培源是我国著名的物理学家，他以"独立思考、实事求是、锲而不舍、以勤补拙"作为自己的人生格言。

周培源的一生进行过近百个科研课题的研究，这些几乎全都是通过他自己独立思考选定的。周培源在 20 世纪 20 年代研究的爱因斯坦广义相对论中提出了著名的引力论，石破天惊地提出了"坐标有关"论。多少年来，"坐标无关"论者与"坐标有关"论者各执一词，争论不休。周培源来到美国普林斯顿，当时爱因斯坦已受聘为普林斯顿高等学术研究所教授，并在这里举办了广义相对论讨论班。周培源参加了讨论班，并当面向爱因斯坦阐述了自己在这方面的研究成果。

周培源说过："锲而不舍或许就是人生能够办成几件事的要诀之一。"在 20 世纪 20 年代至 40 年代，他选定爱因斯坦广义相对论引力论作为自己科研和教学的主攻方向。他回顾说："20 年代，我曾研究过广义相对论引力论，并取得了一些成果。后来又继续广义相对论引力论的研究；在引力论研究中，20 年代我曾提出'坐标有关'论；直到 90 年代仍在进行科学实验以充分地证实它。"周培源的一生都在锲而不舍地进行着研究。

文革期间的"中央文革小组组长"

陈伯达，为抢夺"科学革命旗手"这一称号，想利用爱因斯坦广义相对论学术上的争论来取得周培源的支持与信任，达到他不可告人的目的。周培源一口拒绝了陈伯达，并明确地对他说："爱因斯坦的狭义相对论已被事实证明是批不倒的，爱因斯坦的广义相对论在学术上有争论，可以讨论。"周培源拒绝批判爱因斯坦的事情。在文革的环境下他顶撞了陈伯达，他的勇气和精神是多么可嘉呀！

周培源针对"四人帮"贬低、摧毁基础理论研究的行径，于1972年10月6日在《光明日报》发表文章，从理论上阐明了加强基础理论研究的重要性，并写信给周总理，提出了加强基础理论研究的三点建议，得到周总理的大力支持。

作为久负盛名的社会活动家，周培源在国家领导工作中表现出来的高超才干深受国内外各界人士的钦佩。

周培源不仅喜欢科学事业，还热衷于教育事业，他把自己的祖居献出来，作为宜兴市科学技术协会的青少年科普活动站。

上了年纪的周培源还以人民喜爱的老黄牛自喻："老牛明知夕阳晚，不用扬鞭自奋蹄。"他奋进、锲而不舍的一生为我们留下了宝贵的精神财富。

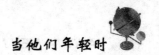

宋应星的成才故事

宋应星（1587—1661），是我国明朝著名的科学家，他编写的《天工开物》一书被科学家称为"百科全书式的科技文献"。

宋应星是一个相信科学、不迷信的人。他和好朋友廖帮英经常在一起研究学问。有一次，廖帮英问宋应星"怎么看待算命看八字"。宋应星听后笑了笑，对自己好友说道："那是骗人的玩意，没有一点事实根据。你想想，如果算命看八字的人真是能掐会算，那他自己不总是有好运气吗？可是实际上他连自己遭难的时候都算不出来，怎么能算准别人的命呢？再说，全国同相同时生的人成千上万。他们的生辰八字相同，可是身世、地位、财富却各不相同，有的成了达官贵人，有的人却沦为奴仆乞丐。可见，人的生辰八字并不能决定人的地位、财富，也不能决定人的吉凶祸福，所以说不要相信生辰八字算命的说法。"

廖帮英听了宋应星的解释，点点头说："你这话讲得有道理，可是我还是有一件事不明白。鬼火究竟是一种什么东西？前天晚上，我同一个朋友一起回家，路过一片坟地，看见远处有两三个绿色的火星飘来飘去，朋友说那是鬼火。后来，当地老乡也说那是鬼，你说，真的有鬼火吗？"

宋应星认为自己的朋友非常迷信，对他说："世上根本就没有鬼火！你所见到的不是叫鬼火，而是叫阴火。阴火是一切没有经过人点燃的火，它见不得阳光和灯光，一见到阳光和灯光就熄了。"

"那这种火又是怎样形成的呢？"廖帮英又问。

"阴火是从腐烂的木头里放出来的，磷火是从骨头中分解出来的。每逢多雨的年份，荒野的坟墓被一些动物挖穿崩塌了，里面的棺材板就被水浸烂，天黑的时候阴火就放出来，在地面上飘忽不定，成了你所说的'鬼火'。"

廖帮英听了宋应星的解释觉得很有道理，并对他丰富的科学知识十分敬佩。

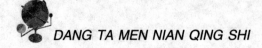

　　宋应星 28 岁时考中举人，曾做过小官。在为官期间，他十分重视劳动人民在长期生产劳动实践中积累的经验和创造的生产技术，注意收集民间的工艺技术。他所著作的《天工开物》一书，详细记录了他收集了解到的劳动人民创造的宝贵财富，即工农业生产技术，成为中国古代科学技术的名著。西方国家曾以《中华帝国古今工业》为书名将它翻译出版，欧洲人十分惊奇地称它为"中国 17 世纪工艺百科全书"。

　　《天工开物》记载了勤劳智慧的中国劳动人民在工农业生产中的许许多多创造与发明。比如，它记载的冷浸田使用骨灰蘸秧根，是我国使用磷肥的最早记录；利用不同品种蚕蛾杂交而生出优良蚕种，是我国利用杂交技术改良蚕种的最早记录。书中记载的锌的冶炼技术在世界上是最早的，记载的精巧复杂的提花机是当时世界上最先进的。《天工开物》一书为我们今后研究古代科学技术提供了宝贵的资料。

詹天佑的成才故事

詹天佑（1861—1919）字达朝，号眷诚，广东南海人。中国著名的铁路工程师。

1861年，詹天佑出生于广东南海一个没落的茶商家庭。他家境清贫，自幼体弱多病，但他聪明好学，喜欢摆弄机件。他曾经把家里的闹钟偷偷拆开又安装好，弄清了闹钟的构造。

1872年，詹天佑报考"幼童出洋预备班"并被录取，成为清政府第一批公费留学生，并于当年9月到达美国。

在异国他乡求学生涯中，他不但学会了独立生活，更学会了独立思考。1875年考入丘房高级中学，1878年毕业时，他的成绩名列全班之首和全校第二，成为幼童留学生中的佼佼者。

1878年，詹天佑考入著名的耶鲁大学雪菲尔理工学院，主攻土木工程。他学习刻苦，各科成绩优秀。1881年，获得了学士学位，是全部幼童留学生中获得学位的仅有的两人之一。同年8月，詹天佑归国，从此开始了他的科学报国之路。

1887年，中国铁路公司在天津成立，詹天佑被聘为工程师。他第一次参加修建的铁路是塘沽到天津的铁路。在修建过程中，詹天佑显示了他非凡的才能，只用了80天时间就指挥完成了铺筑工程。

1905年到1909年，詹天佑又成功主持修建了中国铁道史上第一条独立设计施工的重要铁路——京张铁路。京张铁路总长不过200公里，但沿途横跨崇山峻岭，施工极其艰巨。当时国内外冷嘲热讽四起："能修出这条铁路的中国工程师还没出世呢！""中国人想不靠外国人自己修铁路，就算不是梦想，至少也得50年！"詹天佑听后非常气愤，决定用创造性的劳动给予迎头痛击。面对厚厚的岩层，詹天佑在中国第一次使用了炸药爆破开山法；在开凿号称"天险"的八达岭隧道工程中，他精心设计出从两端向中间同时开凿和中距离

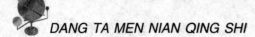

凿进的方法；为使列车安全爬上八达岭，他创造性地运用折返线原理，在山多坡陡的青龙桥地段，顺着山势设计出一段"人"字形线路，缩小了坡度。詹天佑克服了重重困难，使京张铁路提前两年竣工，节省了人力和物力，创造了奇迹。

1909 年 4 月，京张铁路正式通车。当天有上万中外嘉宾到场参加典礼。在众人的欢呼声中，詹天佑发表了演说，他通过诉说工程的艰难，高度评价了铁路工人的贡献，给在场的人们留下了深刻的印象。

京张铁路的建成，不仅为詹天佑赢得了世界声誉，更提升了整个中国工程技术界在世界的地位。当时，有人把京张铁路与万里长城并列为中国伟大的工程，称颂为"祖龙望而夺气"。

1919 年，詹天佑因积劳成疾不幸病逝。中国工程师学会基于他在铁路建设上所作出的重大贡献，特地在青龙桥建立了一尊铜像，来纪念这位杰出的爱国铁路工程师。

冯如的成才故事

冯如（1883—1912），中国飞机设计师，飞行家。

冯如小时候非常聪明，经常同小伙伴们制作一些机械模型。成绩优异的他深得老师喜爱。

1895 年，12 岁的冯如随亲属来到美国求学，1906 年 23 岁的冯如开始钻研飞机的制造和飞行技术。他与他的徒弟们经常到旧金山市的图书馆和书店，收集有关滑翔、飞行和飞机、滑翔机结构的资料，并且先研制了飞机模型。要从模型做成飞机进行飞行试验，还需要一笔很大的科研资金。冯如带着飞机模型，深入到侨胞之中，一次又一次地痛斥帝国主义对中国的欺侮，宣传制造飞机抗击列强侵略的主张。广大侨胞具有很强的爱国心，听到制造飞机可以救国，都慷慨解囊，对冯如的事业给予支持。

1907 年，冯如在广大华侨的帮助下开始租厂开工研制飞机。1908 年冯如研制出了第一架飞机，运往达林可市的麦园试飞，但试飞失败了。就在这个时候，冯如在奥克兰的工厂又遭受了大火，所有设备都付之一炬，但冯如并没有气馁，他又继续试造，虽然遭到许多次失败，但是每次失败以后，冯如总是细心地分析失败的原因，又经过好几次大改进后，到 1909 年 2 月，制出的一架新机已经能够飞起来了，可惜只飞了十几米高，又忽然坠地撞毁，幸好人未受伤。

这时，股东们见飞机试飞屡次失败，逐渐失去信心，不愿再继续投资。冯如的父母也因思子心切，万里投书，催他回国。在这处境十分困难的时候，冯如仍意志坚定，毅然宣称："飞机不成，誓不回国。"

冯如为了研制出中国自己的飞机，和徒弟们节衣缩食，凑出最后的一点钱作为制造飞机的费用，并且特别注意研究飞机在飞行中的平衡和操纵问题。

1901 年，莱特兄弟的飞机在纽约进行飞行表演，冯如专程赶往观摩学习。出于保密的需要，表演不准许参观者靠得太近，然而细心的冯如还是从莱特

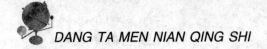

兄弟的飞机中受到了一些启发。

有一天，他偶然看到空中有一只老鹰自由翱翔，便开始细心地注意它的飞行姿态和两翼伸展的情况。回来以后他向邻居借了一只白鸽，用尺仔细地测量了它的身躯和两翼的长度，计算了二者之间的比例，从中受到了启发。于是他们进一步改进了飞机的设计，加紧研制。

通过两三年的顽强劳动和刻苦钻研，经过大小十几次的修改，他们终于制成了一架能够飞行的飞机。

1909 年 9 月冯如决定对研制的飞机进行试飞，冯如驾驶着这架飞机顺利地升上天空，并且安全地降落到地面，这是中国人第一次驾驶着自制的飞机进行的飞行。孙中山先生在这一时期为推动民主革命在华侨社会中筹集资金，曾多次往返美国。他参观了冯如的飞机，并对冯如的成功和奋发图强的精神给予了称赞和鼓励。

股东们被冯如的精神和成绩所鼓舞，决定继续投资，于是冯如又不断改良飞机结构，使其性能逐渐提高。1910 年 12 月，这架经过改进的飞机经过几十次试飞表演，取得了卓越的成绩，成为轰动中外的新闻。

1909 年 9 月 4 日，中国旅美华侨冯如在美国奥克兰州派得蒙特山附近的平坦空地上，驾驶一架有动力的飞机试飞成功，取得了飞行高度 4.57 米、飞行距离为 804 米的成绩。9 月 23 日，美国《旧金山观察者报》曾以《东方的莱特在飞翔》为题，报道了"天才的中国人冯如自己制造飞机，并装上自制的发动机进行试飞"的经过，并作出了"在航空领域上，中国人把白人抛在后面"的高度评价。冯如集研制飞机和驾驶飞机于一身，因此我国的航空史学界称他为中国第一个飞行家。

1910 年，冯如制造了第二架飞机，多次试飞后他的飞机飞行高度达到210 米，速度 105 公里/小时，沿海湾飞行时距离 32 公里，处于当时世界先进水平。辛亥革命后，为了向国人宣传航空事业，在一次飞行表演中，飞机出现了故障，从高空坠落，年轻的冯如不幸遇难，冯如为我国航空事业献出了年轻、宝贵的生命，人们将永远怀念他。

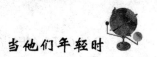

李四光的成才故事

李四光（1889—1971），湖北省黄冈人，我国著名的地质学家，创立了地质力学理论

在 20 世纪初，一些外国专家曾提出了"中国贫油论"的观点，宣称中国没有石油。1952 年的一天，毛泽东主席接见了李四光。他问道中国是否真的贫油这一问题。李四光望着毛主席那急切的目光，肯定地说："从中国的地质情况看，我们的地下不是贫油，而是有丰富的石油。"他向政府建议开展石油地质普查工作。

党和政府对李四光的工作给予了高度的重视和支持。不久，李四光被任命为新中国第一任地质部部长、中科院副院长。1955 年，李四光和他的地质队在全国范围内开展大规模的石油普查工作。李四光根据我国地质构造和自己创立的地质力学理论，最后确定到东北松辽平原去勘察。他和地质队员们风餐露宿，自己还患上了关节病，但为了能够早日找到石油，他忍着疼痛坚持工作。工夫不负有心人，通过李四光等人艰辛的劳动，1959 年，地质队员们终于在东北探明了规模大、产量高的大庆油田，从而有力驳斥了"中国贫油论"的观点。

面对所取得的成绩李四光并没有沾沾自喜，而是提出了"不放弃西北，多搞东部"的找油方针。勘探队在李四光这一方针的指导下，在全国找到了几个可能储油的构造，并相继在华北、辽河和江汉平原等地发现了大油田。这些油

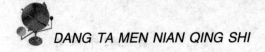

田的相继开发使中国进入了世界产油大国的行列。

　　1964 年，周恩来总理在第三届全国人民代表大会的政府工作报告中提到中国地质人找石油的事，他说："第二个五年计划建起来的大庆油田，是根据中国地质专家独创的石油地质理论进行勘探而发现的。"

　　这一地质理论，凝结了李四光一生的心血，为了学习地质学，李四光 16 岁赴日本留学，后又到美国深造，1920 年回国后任北京大学地质学教授。在以后的 50 年里，他一方面为国家培养地质人才，一方面开展地质研究工作。他用他创立的地质力学，以及用力学的观点研究地壳运动现象，探索地质运动与矿物分布规律，为新中国的生产建设作出了巨大贡献。他不仅打开了中国石油宝藏的大门，而且找到了铀矿、金刚石、铬矿、钨矿和地热资源。晚年，他还把这一理论用于地震研究，首创了观察地动变化和预报地震的有效方法，为我国地震研究奠定了基础。

竺可桢的成才故事

竺可桢（1890—1974），我国现代著名的科学家和教育家。

竺可桢于 1890 年出生于浙江省绍兴市，小时候的他聪明、可爱。有一天，他的父亲要到外面办事，临走前对竺可桢说："儿子，今天爸爸有事外出，不能教你认字了，你今天好好出去玩吧！"竺可桢听了没有答应，硬缠着爸爸教他认了字再走。

竺可桢在五岁的时候，哥哥竺可材就开始教他写作文，哥哥是乡里的秀才，非常有才华。兄弟俩经常在一起，一个认真地教，一个认真地学。有一天晚上，哥哥正在教弟弟写文章，竺可桢写了一遍，觉得不够稳妥，又重新写了一遍，可是写好后竺可桢还是不满意。就这样写了又改，改了又写，一直到他们认为满意方才上床睡觉。

竺可桢从小学习就很认真，而且还善于思考问题。每逢下雨的时候，屋檐老是往下滴水，落在地面的石板上发出"滴答""滴答"的响声，竺可桢蹲在门口"一、二、三、四、五……"默默地数着水滴，眼睛盯住石板出了神，他在思考为什么这些石板上会有一个一个的小坑呢？他带着疑问去向母亲请教。

竺可桢的母亲是一位贤良的女子，她听了儿子提问十分高兴，耐心地向他解释说："这就叫滴水穿石呀！别看那一滴一滴的雨水很微小，但是时间一长，石板就会被滴成小坑了。读书、做事情也是一样的道理，只要持之以恒，就会有所成就。"

从此以后，"滴水穿石"这句话深深地印在了竺可桢的脑海里，鞭策着他一生的工作和学习。

竺可桢在担任浙江大学校长时曾在校园的校门题写"求是"两个醒目的大字，这也是他本人一生的实践与追求。

竺可桢始终认为，一个科学工作者最重要的就是"求是"精神，也就是

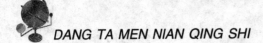

要从客观实际出发，经过广泛、深入、严谨的研究，得出正确的结论，并将它付诸实践。

正是由于这种求真务实的精神，竺可桢极力倡导物候学研究，坚持数十年如一日的物候观测，并写成《物候学》一书，在国内外产生了深远的影响。

正是由于有这种精神，竺可桢每天用工整的小楷写日记，几十年如一日，现存的日记已有40多本。

竺可桢每天日记开头都记载当天的温度、气压、风、云、物候。这不仅是一位严谨、勤恳科学家的工作日记，从中我们也看到了他的心得感受和生活足迹。

竺可桢十分注重对我国气候、气候变迁和科学史的研究，科学地提出了气候变迁理论，受到了国际学术界的高度重视。不仅为国家作出了巨大贡献，同时也在国际学术界上赢得了荣誉。

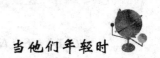

侯德榜的成才故事

侯德榜（1890—1974）福建闽侯人，中国著名的化学家。

纯碱是制造肥皂、玻璃、纸张、冶金等不可缺少的工业原料，西方国家生产纯碱已有100多年的历史。由于生产工艺落后，生产成本很高，到20世纪初，中国还不会自己生产纯碱，工业生产所需的纯碱只能从国外进口。国外一些制纯碱的公司经常抬高价格，甚至不给供货，使得国内一些以碱为原料的工厂纷纷倒闭停业。

在美国留学八年取得博士学位的中国学生侯德榜，听说外国资本家用技术来压迫中国企业这一消息后非常气愤，他发誓要学成制碱技术，振兴民族工业，报效祖国。

1921年10月，侯德榜回国任永利碱业公司总工程师，任务是要创建中国第一家制碱工厂。当时制碱通用的方法是用苏尔维制碱法生产。由于外国人封锁制碱技术，侯德榜只能自己摸索。经过不断地研究、试验、探索，在克服了种种困难之后，侯德榜终于探索出了苏尔维制碱法的奥秘。1924年8月13日中国第一家制碱厂正式投产。

在具体生产过程中，侯德榜发现苏尔维制碱法存在着很多问题，制碱用的食盐质量低下，有30%的食盐都是废品，按照这样的生产方法来计算，成本太高。侯德榜打算用一种新的制碱法来取代苏尔维制碱法。

他首先分析了苏尔维制碱法的缺点，发现原料中有一半的成分没有利用上。怎样才能变废为宝呢？为此他设计了好多种方案，但都被一一推翻了。最后，他突然想到，能否把苏尔维制碱法和合成氨法结合起来，也就是说制碱用的氨和二氧化碳直接由氨厂提供，滤液中的氯化铵加入食盐水，让它沉淀出来。氯化铵既可作为化工原料，又可以作为化肥，这样就可以大大提高食盐的利用率，还可以省去许多设备的开支，例如石灰窑、化灰桶、蒸氨塔

145

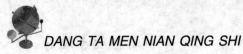

等。设想能否成功还要靠实践来验证。于是他又带领技术人员作了无数次实验，终于使梦想变成了现实。

这个制碱新方法被命名为"侯氏联合制碱法"，它使得用盐制碱的利用率从原来的70%一下子提高到96%。此外，把污染环境的废物氯化钙作为对农作物有用的化肥——氯化铵，还可以减少1/3的设备。这种制碱法使中国的制碱工业跨入了世界先进行列，开创了世界制碱工业的新纪元。

苏步青的成才故事

苏步青（1902—2003），浙江平阳人。我国著名的数学家，微分几何领域的专家。

1902 年，苏步青出生在一个贫困的农民家庭。他从小就学会割草、喂猪。由于家境贫寒，小步青不能像富裕人家的孩子那样上学读书。每当路过村里的私塾时，苏步青总要停在那儿听一阵。他常借一些书来读，如《水浒》、《聊斋》、《左传》等等。这类书籍苏步青都反复读过很多遍。虽然他年纪小，读起来似懂非懂，却总是爱不释手。父亲见儿子这样爱好读书，决定省吃俭用也要供他上学。

苏步青 9 岁那年，父亲挑上一担子米作为学费，带着他走了 100 多里山路，来到平阳县第一小学，当了一年级的插班生。从山沟来到县城，苏步青大开眼界，看到的，听到的，什么都感到新鲜。他整天玩耍，忘记了功课，结果，在期末考试中考了倒数第一名。

第二年，位于家乡 10 多里外的水头镇，建起了一所中心小学，苏步青就转到那里继续求学。因为家庭贫穷，被个别老师看不起，甚至遭到有意刁难。有一次，他写了一篇国文，其中有两句佳句，使得整篇文章很有特色。不料老师却怀疑他是抄来的，后来虽查清确实是他自己写的，但老师仍给他的国文批了"差"等。这件事深深地伤害了苏步青的自尊心，他就用不听课，尽情玩耍来表示抗议。结果，这学期他又得了倒数第一名。

新学年开始，调来一位新老师。他发现苏步青挺聪明，可是贪玩不用功，就找他谈话并启发他。

苏步青听了老师的教导，觉得很惭愧，但心里依旧不服气："读书有什么用呀，文章做得好，还说是抄来的，查明是我做的，还批我'差'等?""文章好坏，不是哪个老师可以决定的，个人的前途也要自己去争取。我看你的

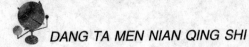

资质不差，又能吃苦，只要努力学习，一定会成为有用的人才……"老师的话鼓舞了苏步青。他决心不辜负老师的期望，做一个有所作为的人。

从此苏步青发奋学习，刻苦读书，不放弃任何一个机会。经过自己的不懈努力，苏步青的考试成绩，一直保持着全班第一。

高士其的成才故事

高士其（1905—1988），著名的微生物学家、化学家和著名的科普作家。

高士其从小就是个勤奋好学的孩子，尤其是他学习英语的故事，特别耐人寻味。

一天，学校校长把高士其叫到办公室，告诉他清华留美预备学校要招收一批新生。高士其听后激动不已。但是，小高士其却被难住了，清华留美预备学校明确规定：凡报名的人都要进行英语考试，而高士其所在的福州明伦小学没开过英语课，这可怎么办？突然，他想起了刚从"洋学堂"毕业回来的大叔，他的英语水平一定很高。于是，便跑到大叔家里请他教自己英语，大叔很爽快地答应了他的请求。在高士其的不断努力下，他的英语水平提高得非常快。工夫不负有心人，1918 年他以优异的成绩被清华留美预备学校录取了。

高士其来到北京后，参加了学校的新生复试。由于他的考试成绩特别优异，学校破格批准他跳级插入二年级学习。

然而，一个意想不到的困难正等待着高士其。清华留美预备学校里的学生毕业后是要到美国去学习的，所以学校特别重视英语口语的教学，高薪聘请了许多外国英语老师，上课全部用英语讲课。这对入学前只自学了两个月英语的高士其来说，真是一件大难事。但是高士其并不害怕，不懂的地方他就虚心请教老师和同学们。他为此专门准备了一个小本子，上面密密麻麻地抄满了英语单词和常用句型，走路、洗脸、甚至吃饭时都不停地背英语单词，不到一个学期，勤学好问的高士其就能够轻松自如地听懂老师的讲课了。又一个困难被他克服了。

1925 年高士其赴美留学，进入威斯康星大学化学系，1927 年获学士学位。正当他准备报考化学系博士生的时候，不幸的事情发生了，他父亲来信

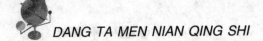

说他的姐姐被霍乱夺去了年轻的生命。这使他想起了死于白喉、年仅4岁的弟弟，高士其悲痛万分，他们都是被病菌这个"小魔王"夺去生命的。于是，高士其毅然决定放弃原来攻读化学专业的打算，转向细菌学，进入芝加哥大学医学研究院继续深造。

在医学研究院期间，高士其专门研究细菌学，立志与病菌这个"小魔王"抗争到底。他刻苦学习，忘我地工作，老师和同学都被他的献身精神所感动。但不幸也降临到高士其身上。

1928年，他在培养一瓶脑炎病毒时，瓶子突然破裂，毒液四溅，顺着耳朵侵入了他的大脑，使他染上了甲型脑炎，变成了残疾人。医生劝他放弃学术研究，回国休养。可是，高士其态度极其坚决，他一定要留下来完成未完成的学业，继续与病菌作斗争。于是，他以惊人的毅力与病魔顽强作战，读完了全部博士生课程。

1930年，回到祖国，高士其怀着一颗热诚的心就职于南京中央医院。可当他目睹医院里那些"商人加官僚"式的医生贪污、堕落和腐败时，心里非常难受，他愤然辞去检验科主任的职务，离开了中央医院。他将自己原来的名字"高仕錤"改为高士其，他愤怒地表示："扔掉人旁不做官，扔掉金旁不为钱"，表现出不为名利的高尚情操。

高士其辞去了工作，经济没有来源，使他陷入了生活的困境，病痛也在时时刻刻折磨着他。这时，他在美国留学时的好友李公朴向高士其伸出了援助之手，把高士其接到了他的家中休养。但高士其不久便移居上海，他靠翻译文章和写作挣得的一点点微薄的收入度日，生活过得很艰苦。在此期间，他结识了一批优秀的地下共产党员，在他们的影响启发下，他清楚地认识到要惩治病菌这个"小魔王"，必须消灭旧制度这个"大魔王"。于是，他毅然拿起笔，高举"大众科学"的旗帜，开始从事科学普及工作。他向病菌宣战，他向旧制度宣战，以科学小品和科学文艺为武器，在这条艰难的道路上奋勇前进。高士其以顽强的意志与病魔展开斗争，克服了常人难以忍受的许多困难。到抗日战争前夕，他写出了《活捉小魔王》等近100篇科普文章，不仅向人民大众传播科学文化知识，对唤起人民、团结抗日、抨击国民党反动派的"不抵抗主义"，也起到了积极作用。

　　1937 年，高士其勇敢地奔赴革命圣地——延安，成为我国"第一位红色科学家"。解放后，在党和人民的关怀与照顾下，高士其忍受着病痛的折磨，坚持学习科学知识和马克思主义，创作出了大量的优秀作品，为我国的科学普及工作作出了重要贡献，深受广大人民群众的尊敬和喜爱。

赵九章的成才故事

赵九章（1907—1968），浙江吴兴人，动力气象学家，地球和空间物理学家。

赵九章刚开始读书是在私塾里，他聪明、勤奋，学习成绩一直名列前茅。但由于家境越来越差，他 13 岁时，父母再也无力供他念书了，无奈他只好到一家小店铺里当学徒来帮助家里挣钱。小九章白天勤恳努力地干活，晚上则忍着白天的疲惫熬夜学习。

一天深夜，赵九章独自一人在店铺里埋头读书。老板娘起来上厕所，发现了店铺里的灯光，走过去一看，见赵九章正在聚精会神地看书，不由气得火冒三丈，立即破口大骂起来："你这个该死的东西，深更半夜不睡觉，点灯耗油干什么？给我把灯熄了！"

赵九章没有办法，只得吹灭了油灯。怎样才能做到既可以看书又不被老板娘发现呢？想了许久，他终于想出了一个十分巧妙的办法：他削了几根又

小又薄的竹片，把它们弄成一个像灯罩似的骨架，然后一层一层地糊上十几层厚而不易透光的纸，做成了一个上尖下圆的灯罩。赵九章又在灯罩的一边开了一个小小的孔，从小孔里射出来照在书上的光线一次只能照亮两三个字，但这对他来说也足够了。就这样，每天晚上等老板娘睡后，赵九章就在小油灯下不断地移动手中的书，几个字几个字地坚持读书学习。

老板娘自从骂过赵九章以后，发现赵九章每天都是早早地上阁楼熄灯睡

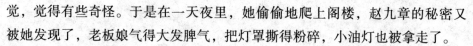

当他们年轻时

觉，觉得有些奇怪。于是在一天夜里，她偷偷地爬上阁楼，赵九章的秘密又被她发现了，老板娘气得大发脾气，把灯罩撕得粉碎，小油灯也被拿走了。

夜里没法读书了，赵九章就把书上的定义、公式、定理按顺序剪下来，藏在口袋里，空闲时就掏出来看看，从不松懈。终于，在半年多的时间里，他坚持自学完成了初中的物理学课程。

赵九章的姑姑见他如此好学，决定资助他读书。后来，赵九章终于考入了中州大学附属高中，实现了他的求学梦想。

毕业后，赵九章留学德国。数年后，赵九章带着他的满腹学识回到了祖国，为我国动力气象学的研究工作开创了新局面。解放后，赵九章致力于我国地球物理学、空间物理学的发展和海浪的研究，在信风带动力学方面作出了巨大贡献，他是第一个提出"西风带中长波存在不稳定现象"的人。除此之外，在其他科学领域，赵九章也作出了很多卓越贡献。

华罗庚的成才故事

华罗庚（1910—1985），世界著名的数学家，江苏金坛人。

华罗庚生于 1910 年，他出生时，他的父亲已经 40 岁了。因为中年得子，所以父亲对他十分疼爱。父亲靠代人收购蚕茧之类的杂货维持一家人的生计，家里生活十分贫困。贫穷的生活使得华罗庚身体非常瘦弱，再加上他整天没日没夜地钻研数学，使本来瘦弱的身体更加经不起折腾。在他 20 岁时，金坛流行瘟疫，他那虚弱的身体自然逃不过这一劫。这一次他病得奄奄一息，父母急得四处求医，可是华罗庚依旧高烧不退。虽请来了有名的老中医，但看了以后，也是无可奈何地摇摇头说："他剩下的日子不多了……"听了医生的话，全家人陷入了绝望之中，他母亲因为受不了这样的打击而离开了人世。

谁知奇迹出现了。华罗庚的高烧竟慢慢地退了，他侥幸逃脱了死神的魔掌。可是，他的左手小指渐渐发肿，接着是左臂疼痛，后来是左腿疼痛，最后是整个左边身子全都痛起来。当华罗庚挣扎着站起来时，才发现左腿的大腿骨已弯曲变形，再也伸不直了。从此，他便落了个终生残疾。

初中毕业后，由于家庭困难，华罗庚只在上海中华职业中学念完一年就辍学了。回来后，他给父亲当助手，共同经营杂货铺。但酷爱数学的华罗庚在工作之余，仍然刻苦地钻研数学。顾客买东西，他经常是答非所问。为此，人们便给他起了个绰号叫"罗呆子"，把他的那些数学书称为"天书"。

有一天，华罗庚在一本杂志上看到了苏家驹教授写的关于《代数的五次方程式之解法》这篇论文，他深深地被吸引住了，然而他很快就发觉苏教授的论文写错了。年仅 19 岁的华罗庚并没有被权威吓住，而是马上写了一篇《苏家驹之代数五次方程式解法不能成立之理由》的论文，寄给了上海的《科学杂志》。

这篇论文很快就在《科学杂志》上发表了，由于这篇论文的逻辑严密、层次清楚、语言明快，一经发表便引起了中国数学界的老前辈、清华大学数学系主任熊庆来的注意。

熊庆来托人四处打听，后来总算了解到华罗庚的情况。他听后大为震惊，立即写信邀请华罗庚到清华大学来。华罗庚此时大病初愈，为治病家里已经是债台高筑，根本没有钱买车票，华罗庚只好回信婉言谢绝。

熊庆来十分执著，他再一次来信："你若不来京，我就专程赴金坛拜访！"华罗庚只好借了钱来到北京。

从此，老一辈的数学大师与初出茅庐的青年结成了忘年之交。华罗庚有恩师亲自指点，如鱼得水，进步飞快。

当时我国的数学水平还比较落后，能在国外发表论文的人并不多。一个教授如果能在国外发表一篇论文，会感到无比荣耀。可刚来清华不久的华罗庚，用英文一连写了三篇数学论文寄到国外，篇篇都被发表了！

1936 年，在清华大学理学院院长叶企苏和数学系主任熊庆来的推荐下，华罗庚辗转万里，前往英国剑桥大学留学。当时在剑桥大学任教的著名数学家哈代，听说华罗庚要来，便有意亲自培养他。但碰巧他要去美国讲学，因此托别人留下一张纸条："华来后请转告他，他可以在两年之内获得博士学位。"正常情况，博士学位要三年才能获得，而哈代破例让华罗庚减少一年，可见对他相当欣赏。

博士学位是诱人的，然而华罗庚却拒绝了哈代的好意，他说："我无意获得博士学位，只想做一个'访问者'。"

华罗庚一到剑桥，就立刻投身于紧张的学习和研究中。在两年时间内，他向华林问题、哥德巴赫猜想问题……发动了一次又一次的猛烈进攻，并在欧洲连续发表了十几篇论文。特别是他在他利问题的研究中，发现了一个重要的定理。这个定理解决了数学家哈代一直没有解决的问题。后来，为了纪念华罗庚的这一重大发现，这个定理被称为"华氏定理"。

华罗庚从 1940 年起开始写《堆垒素数论》，当时的写作条件是非常艰苦的。华罗庚自己回忆道："晚上，一灯如豆。所谓灯，乃是一个破香烟罐，放上一些油，再摘些破棉花做灯芯。为了节省灯油，还得把心子捻得小小的。"就是在这样的条件下，他仍然坚持不懈，呕心沥血，花费了整整三年的时间，写出了长达 60 万字的巨著《堆垒素数论》。除中文稿之外，还译成了英文。他亲自把中文书稿送交当时设在昆明的中央研究院，可是当时中央研究院却

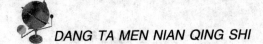
一推再推，将书稿束之高阁。无奈之下，华罗庚只好请求退回书稿，谁知，书稿竟不知去向！三年心血，付诸东流！华罗庚经受不住这个沉重的打击，并因此生了一场大病。这是他经历的又一次劫难。

幸亏手头还有英文稿！后来华罗庚将英文稿寄给前苏联的一家教学研究所，他们将文稿译成俄文后出版了。解放后，为了出这本书的中文版，中国数学研究所又由俄文译成了中文。

1946年，华罗庚到美国后，被伊利诺大学聘为终身教授，年薪一万美元。他在美国期间受到了美国科学界的高度重视，华罗庚和夫人还有幸会见了科学巨匠爱因斯坦。后来，华罗庚成为了美国科学院历史上第一个当选为外籍院士的中国人。

但华罗庚一心挂念着自己的祖国。祖国一解放，他就立即携妻子儿女悄然登上了回国的轮船。

文化大革命期间，华罗庚遭到"四人帮"的刁难和指责，但他忍辱负重，始终想为数学在生产中的实际应用作点贡献。他不顾自己带病的身体，跋山涉水，到处去推广"优选法"、"统筹法"。

然而十年后，历经磨难的华罗庚终于没能逃出劫难。

1985年6月12日下午4时，年过七旬、满头银发的华罗庚精神矍铄地站在东京大学的讲台上。起初，他用中文讲，然后由翻译译成日语。但他感到这样浪费时间，因此在讲到数学的专门问题时，就直接改用英语讲。会场上鸦雀无声，在场的日本学者们都全神贯注地聆听着这位见解精辟的学者的论述，不断地用掌声表达无比的敬意。日本朋友听说他身体不好，特地为他准备了轮椅，但他在讲话时几乎一直都是站着讲的。他越讲越兴奋，越讲越激动，不一会儿，便满头大汗……

原定讲演时间是45分钟，但看到台下的反应如此热烈，他便对会议主席说："规定的时间已经过了，我还可以再延长几分钟吗？"得到允许后，他又继续讲下去，这次演讲持续了1小时零5分钟。掌声持久而热烈，他被听众们的热情深深感动了，他准备再讲几句话，但刚讲出一句在场人还未听清的话，华罗庚突然从椅子上滑了下来……他因心脏病发作，抢救无效，再也没有醒过来！他实现了生前多次表示过的愿望——工作到生命的最后一刻！

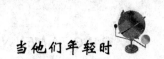
袁隆平的成才故事

袁隆平，生于 1930 年，是我国著名的农学家、发明家，中国工程院士，被称为"杂交水稻之父"。

袁隆平 1930 年 9 月 7 日生于北京，自幼兴趣广泛，喜爱音乐、体育。他热爱农村的一草一木，深知粮食的得来不易，从小就立志要好好学习，将来报效祖国。他在重庆度过了中学时代，中学毕业后考入了西南农学院农学系。1953 年被分配到湖南安江农校教书。

60 年代初期，中国正处于严重的困难时期。老百姓忍饥挨饿，苦不堪言。这一切深深地刺痛了袁隆平的心，他下定决心，从事人工杂交水稻的研究，要生产出更多的粮食，解决人民的温饱问题。

1960 年 7 月的一天，袁隆平像往常一样来到校园外的早稻试验田观察，偶然间发现了一株特殊的稻子：共有 10 余穗，每穗有 160～170 粒。第二年，他适时将这独特的种子播到试验田里，结果分离变异现象十分严重，原有的优势没有发挥出来。面对这一结果，善于思考的袁隆平受到了启发。他马上想到孟德尔、摩尔根的遗传理论，顿悟道：那是一株"天然杂交稻"！袁隆平因此更加坚定了进行杂交水稻研究的信念。

当时，杂交水稻研究是世界上公认的难题，并且全世界都流传着"水稻是自花授粉作物，不良基因早已淘汰，既然自交不退化，那么杂交就没有优势"的观点。但袁隆平并没有因这些固有的说法而退缩，他坚信杂交优势是生物界的普遍规律。袁隆平利用水稻不育性，培育出不育系、保持系和恢复系，通过"三系配套"，代替人工雌雄杂交，来产生大量的杂种和新一代种子。

袁隆平确定自己的目标后，便开始了他的漫长的探索过程。

夏季骄阳似火，正是南方水稻的扬花季节。袁隆平头顶烈日，脚踏烂泥，手拿放大镜，像猎手搜寻猎物一样，在安江农校农场的稻田里寻找水稻雄性不育植株。第一天、第二天、第三天都无所收获，两手空空。直到第 14 天，袁隆平才发现了第一株雄蕊退化的水稻不育株。在 9 个月时间里，他前后检查了 14，000 余株稻穗，找到了 6 株雄性不育株，并对它们的杂交第一代和第二代进行了研究。他向世界吹响了"绿色革命"的号角。

然而，1966 年开始的"文化大革命"运动，给袁隆平的科研带来了阻碍，他成了"白专道路"、"三脱离"、"在人民讲坛上贩卖资产阶级货色"的典型。水稻试验秧苗被砸了个稀巴烂，但袁隆平并未因此而气馁，而是和助手南至广东、广西，西到云南不断地进行繁殖育种试验。1970 年 1 月他在云南元江县搞试验时，遇上大地震，连续在外露天住宿达 3 个月之久。

在党和国家的高度重视下，1975 年，由袁隆平任技术总顾问的试验田第一次获得成功，为 1976 年在全国大面积试种推广杂交水稻培育了大量的种植种子。

杂交水稻的研究成功，引起了国际上的瞩目，有关杂交水稻的研究在国际上开始兴起。

1979 年 4 月，在菲律宾首都马尼拉举行的国际水稻科研会议上，一个黑瘦的中国人，面对着 20 多个国家的水稻育种专家，用英语侃侃而谈，大讲水稻的种植经验。这位黑瘦的中国人就是袁隆平。与会者大多是国际知名专家，对这位中国来的农业学家开始时有些怀疑并不予以重视，但听了袁隆平的论文和即席答辩后，他们被深深地折服了。

当幻灯银幕上反复打出"杂交水稻之父"——袁隆平的字样和他的头像时，全场立刻响起了雷鸣般的掌声，大家一齐起立，向来自中国的专家致敬。

从此，"杂交水稻之父"——袁隆平的名字响彻全世界。

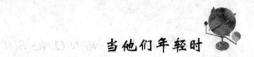

陈景润的成才故事

陈景润（1933—1996），福建省福州市人，著名的数学家。

陈景润是我国著名的数学家，从小就对数学十分热爱。他的一生都致力于数学研究之中，常常达到忘我的境界。

有一次，陈景润去人民大学看望一位老师。他低着头，一边走一边又思考起他的数学问题，突然，"啪"的一声，陈景润觉得被人撞了一下，他不禁叫道："哎哟，是谁撞了我呀？"可是当他抬起头一看才恍然大悟，原来是自己撞到一棵大树上了。

还有一次，陈景润带着两个窝窝头，一块咸菜，到图书馆去看书、查资料。不知不觉到了中午，他觉得肚子有点饿，便拿出早上带的窝窝头、咸菜，一边吃一边看书，越看越入迷，连图书馆下班铃响了，他都没有听到。图书管理员下班前在书库门口大声喊道："下班锁门了，请各位同志离馆。"陈景润还沉浸在自己的数学世界中，管理员锁上书库大门走了，他还在钻研、阅读、思考、演算。他忘记了周围的一切。

过了很久，他被一道题难住了，需要翻阅昨天晚上在家里的计算结果。他急匆匆向大门走去，到了门口才发现大门已经锁上了，这时已经是晚上八点多钟了，于是他便又回到原来的位子上接着看书。这天晚上，陈景润在图书馆整整看了一夜的书。

从以上这两个小故事可以看出陈景润对数学的痴迷程度。

1957年，陈景润给当时的中国科学院数学研究所所长华罗庚教授寄来了他关于哥德巴赫猜想的数学论文。华罗庚教授认为，陈景润是一位有培养前途的数学人才，决定调他来研究所工作。

其实早在解放前，陈景润在福州英华书院念高中时，他的一位数学老师，原清华大学航空系主任沈元教授（曾任北京航空学院院长，现为中科院院士）就曾说过："1742年，德国的中学教师哥德巴赫猜想，每个大偶数都可以写成

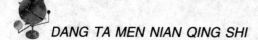

两个素数之和。不过 200 百多年来还未得到证明。所以，'哥德巴赫猜想'成了一道数学难题。这是数学皇冠上的一颗明珠，吸引了成千上万数学家。"听了教授的启发，陈景润暗下决心，一定要摘取数学皇冠上的明珠。现在，陈景润在华罗庚的指导下向哥德巴赫猜想进军了，他开始向数学高峰努力攀登了。

1742 年，德国数学家哥德巴赫提出"任何一个偶数均可表示两个素数之和"，简称（1＋1），这一猜想被称为"哥德巴赫猜想"。1966 年陈景润经过不懈努力，终于证明了（1＋2）。1973 年，他的论文《表达偶数为一个素数及一个不超过两个素数的乘积之和》一经公布，立即轰动了国际数学界，被世界数学界命名为"陈氏定理"。陈景润终于如愿以偿地登上了这座多少人毕生追求的数学高峰。

证明（1＋2），是陈景润凭着对数学的痴迷和顽强勤奋的努力所取得的，这离"哥德巴赫"猜想的最终结果（1＋1），仅剩一步之遥了。当然这一步的跨越有着难以想象的困难，但相信勇于攀登、不畏艰难险阻的人，一定会继承陈景润的事业，摘下那颗数学皇冠上的明珠。

伽利略的成才故事

伽利略，生于1564，是意大利著名的天文学家，他对物理学也有很大贡献，被后人尊称为"近代科学之父"。

公元1564年2月15日，伽利略诞生在意大利比萨城一个没落的贵族家庭。他的父亲是音乐家，喜欢数学。伽利略深受父亲影响，聪明好学的他，8岁开始上学，成绩非常优异，表现出非凡的观察能力与动手能力。他的父亲希望儿子能够像祖先一样成为一名医生，给家庭带来荣誉和财富。

在伽利略还是个孩子的时候，父亲就常谈到将来要送伽利略到比萨大学学医。可是伽利略似乎并不喜欢学医，他的脑子和双手从不闲着，在他不弹琵琶或不画画的时候，就制作各种巧妙的机动玩具给弟弟妹妹们玩。

伽利略不到18岁就进比萨大学当了医科学生。他在比萨大学学习了4年。这对于他来说是艰难的4年，因为他一方面要竭力强制自己去实现父亲的愿望，一方面又对学校那一套陈腐的教学内容感到不满。

医科学校规定要学习亚里士多德的哲学。在学习中，伽利略感到十分困惑，亚里士多德怎么可以不作任何证明，就对某一现象作出肯定的论断呢？而这些论断又盲目地重复了1700多年。伽利略希望有一天自己能驳倒他。

一次偶然的机会，伽利略听到了宫廷数学家罗西的讲课，他一下子被吸引住了。从此，伽利略对数学产生了浓厚的兴趣，并和罗西成了好朋友，他把罗西给他的每一本书，几乎都仔细地通读了一遍。

父亲很快知道了伽利略忽视医科、沉迷于数学与各种没用的实验中，他声明不再供儿子上大学了，让儿子必须回到店铺里帮忙。伽利略非常难过，可自己又没有经济基础，无奈之下，他只得于1585年离开比萨回到了家，开始当一名店员。

但是伽利略并未因此而停止他的学习和实验。两年之后，通过罗西的帮忙和一位侯爵的推荐，他又满怀喜悦地回到了比萨大学，在那里担任数学等学科的教授。虽然薪金很低，但总算有了自己的收入，他可以不用再向父亲要钱了。

当时学校的教科书里宣扬的是亚里士多德的观点：物体从高处落下来时，它的速度由重量决定。物体越重，落下来的速度就越快。但伽利略却没有盲目地追随他的观点，他在比萨斜塔上作了一个著名的落体实验：两个不同重量的球从塔上落下，结果同时落地！这就证明了亚里士多德的结论是错误的。

尽管实验无可指责，但在人们看来，这个年轻人太狂妄了，竟想动摇多少年来的科学基础！这个学期的任期结束后，学校没有再继续聘请伽利略。1591年，伽利略离开比萨来到了佛罗伦萨。

曾经帮助过伽利略的那位侯爵盖特保图，再次为伽利略争取到了去威尼斯附近的帕图亚大学担任数学、科学和天文学教授的机会。

伽利略的课讲得非常精彩，他的事业一帆风顺地发展着。在一次去威尼斯的旅行中，伽利略遇见了美丽而单纯的姑娘玛利娜，他们一见钟情，很快坠入情网。不久，他们结婚了。就在这期间，伽利略发明了制图用的比例仪和空气温度计。

有一次，病中的伽利略偶然接触到哥白尼的"日心说"，后来又读到了德国天文学家开普勒的著作。书中所说的"地球和行星按一定的轨道绕着太阳转动"这一革命性学说，使得伽利略十分激动，他希望有一天自己能来证明它。

要观察天体，必须有工具。1609年，伽利略制作了一种"镜管"，用它看东西要比正常情况下近得多。后来人们把它称之为望远镜。曾经有很长一段时间，伽利略把全部的精力都投入到望远镜的革新中，同时，把目光投向了深邃的天空。他观察猎户星座，观察昂宿星团六星……还把他新发现的星座和所揭示的景象，画成图表并加以注明。

接下来，伽利略又开始了对月亮的观察。月亮并不光滑，在那上面有比地球上更高的山脉；月亮自身并不发光，它的光来自于太阳。当伽利略通过观察和计算确认了这一切时，他真是太激动了。

很快，伽利略又成功地制造了一架 1000 倍的望远镜。1610 年 1 月 7 日，伽利略用它看到了木星旁边的三颗小星，经过多天观察，伽利略又看到了第四颗，并进一步确认了它们都是木星的卫星。

伽利略把他的观察过程以及结果写进了《星的使节》一书里，这本于 1610 年在威尼斯出版的书很快就被抢购一空。伟大的德国天文学家开普勒也写信来赞扬这本书，并要求允许他在法兰克福印刷一版。《星的使节》成为当时最畅销的书。

1610 年底，伽利略接到罗马学院首席数学家克来维斯神父的信，邀请伽利略造访罗马。伽利略当时也迫切地希望能把自己的发现赶快传播出去。

伽利略的到来使罗马大为轰动，他受到了贵宾一样的接待。贵族们纷纷邀请他到家里去做客，教会的高级官员们也竭力拉拢他，罗马教皇保罗五世还亲自接见了他。

但罗马学院的首脑红衣主教在听了伽利略的学说后，劝伽利略要谨慎行事，慢慢地去传播哥白尼的学说。

罗马有一个专门研究数学和天文学的组织，叫做林凯学会。林凯学会邀请伽利略参加他们的集会，吸收他为会员，并保证用他们的财富和影响来支持伽利略的工作。

伽利略回到佛罗伦萨后三个月，有两个红衣主教路过这个城市，他们和伽利略进行了一次长谈。其中一位主教叫巴伯里尼，他被伽利略的才智所折服，而另一位康扎加却竭力反对伽利略。这时的伽利略才预感到，亚里士多德的信徒们总有一天会伤害他的。

就在伽利略忙着准备有关浮体的著作，并同时开始研究太阳黑子的时候，那些嫉妒伽利略的人，开始发动了对他的攻击。有传闻说，罗马宗教法庭正在审查他的教学内容，主教们也逐渐改变了对他的看法。于是，伽利略决定亲自到罗马去迎战他的敌人。

1615 年 12 月，伽利略再一次到达罗马。城里的气氛完全变了。几年前欢迎他的教士们，现在对他是那么冷淡。当年发请帖给他的贵族们，现在也都不来了。只有林凯学会的塞西伯爵还照样欢迎他的到来。他劝告伽利略在这个时候最好避免谈及哥白尼学说。

第二年2月，罗马教皇的高级顾问机构——红衣主教团给伽利略下了一道命令：无论在讲课或写作中，不许他再把哥白尼学说说成是绝对事实。万般无奈下，伽利略只得接受了这个命令。

52岁的伽利略正处于精力旺盛时期，作为一个天文学家，却被迫"退休"了。他搬到了城郊的锡尼别墅去住。那里的房间比较大，适合开辟一间小天文台。他没有停止研究，期待着有一天情况能发生变化——撤销禁令。

伽利略用观察木星、卫星的方法，来研究船只在海洋上的位置。他打算要把这个理论发明卖给西班牙政府，因为西班牙有许多船只要越过海洋驶到美洲去。西班牙政府答应考虑他的提议，但是一直没有给他满意的答复。

1622年，林凯学会出版了伽利略的《检验人》，这是对那些攻击他的人进行的最强有力的答复。也就在这个时候，从前赞赏他的红衣主教巴伯里尼当上了罗马教皇。罗马教皇知道伽利略在沉默了8年之后，他的书又畅销了，很为他高兴，并表示欢迎伽利略再次访问罗马。

两年后伽利略到了罗马，教皇前后6次接见了他，这的确是一种特殊的恩典。虽然教皇依旧劝伽利略不要作出地球是绕着太阳转的结论，但也不反对把哥白尼的学说当做一种智力练习来看待。这已使伽利略感到很满意了，他的头脑里立刻有一本书形成了。

伽利略开始慢慢地写他的著作——《关于两种世界体系的对话》。读了此书，读者可以自己得出结论：地球就是转动的。1632年，《关于两种世界体系的对话》出版了。书一印出来，马上就被抢购一空。全欧洲的有识之士都来向他祝贺，并要求订购。

8月间，突然从罗马来了一道命令，要求立即停止销售《关于两种世界体系的对话》。伽利略的敌人仔细地制定了他们的计划，要对这个自称"追求真理"的危险者，进行强制性的镇压。伽利略在教会里的朋友也对此感到十分惊慌，不敢承认哥白尼的学说，怕引起不良后果。

随即，罗马宗教法庭便传唤了伽利略。这一精神打击摧垮了这位69岁的老人，他严重的关节炎发作了，审讯期限因此延期。1633年2月，这个疲惫多病的老人终于到了罗马。

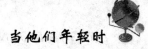

6月22日，伽利略被带到教堂去听取对他的判决：第一、《关于两种世界体系的对话》是禁书；第二、在这3年里，他必须每星期把7篇忏悔诗背诵1篇；第三、他将被无限期地监禁在他自己的家里，直到主教团满意为止。

伽利略回到了家里，但是他没有停止对真理的宣传。他又写了一本书：《两种新科学的对话》。1637年，伽利略秘密地把手稿送到国外。1638年，这本书在荷兰的莱顿出版了。

1641年冬天，伽利略患上了热病。1642年1月8日，他停止了呼吸。为"发现真理和宣扬真理"，伽利略进行了毕生的奋斗。他的精神是永垂不朽的，人们将永远热爱他，永远歌颂他。

钱学森的成才故事

钱学森生于 1911 年，是我国现代著名的科学家，世界著名航空、火箭专家，被誉为"中国航天之父"。

1936 年秋天，从麻省理工学院获得硕士学位的钱学森，慕名来到洛杉矶市郊的加州理工学院航空系，他要拜大名鼎鼎的后来被誉为"超音速飞行之父"的冯·卡门为师。

冯·卡门提出要面试这个中国学生，当钱学森迅速而又准确地回答了他所有的提问后，冯·卡门被钱学森敏捷而又富于智慧的思维所吸引，立即同意收下这个中国弟子。从此师生二人共同合作，在人类喷气推进史上写下了光辉的一页。

在民主的学习环境中，钱学森很快就进入了科学的前沿，他开始与卡门共同研究课题。钱学森帮助卡门提炼思想，使一些很艰深的命题变得豁然开朗。他们成了亲密的合作者。"卡门——钱公式"就是这一合作的结晶。这一公式是空气动力学中的一个重大成果。

有一天，卡门的三个学生提出，要老师帮助他们建造火箭。卡门当时就被这几个年轻人的大胆设想所吸引，并同意他们使用航空实验室来从事火箭研究。后来钱学森和另外一个硕士研究生也参加了进来，组成了五人火箭研究小组，取名"火箭俱乐部"。

火箭小组实验的次数越多，危险性就越大。宁静的校园经常被爆炸声扰得不得安宁，不少师生纷纷提出抗议。最后校方不得不"勒令"停止实验活动。

但火箭小组的实验，引起了美国军方的注意。他们经过慎重选择之后，决定委托钱学森来负责这项研究。火箭小组不负众望，提出了关于三种火箭导弹的设想。第二次世界大战结束时，美国空军曾高度赞扬钱学森：为战争的胜利作出了"无法估量的重大贡献"。

1944 年，在美国空军司令亨利·阿诺德的支持下，冯·卡门组织了一个由 36 个有关方面的一流专家组成的科学顾问团，钱学森担任火箭组的主任。第二次世界大战结束前夕，阿诺德将军意识到要赶紧把德国的先进导弹成果和技术专家接收过来。于是，卡门被军方授予少将军衔，钱学森被授予上校军衔，他们这一批技术专家被派往德国进行考察。

德国之行开阔了钱学森的眼界和思路，使他对火箭的研制有了更新、更为大胆的设想。他在 1950 年 2 月的一次演说中指出：火箭或导弹，每小时能飞行一万英里，不仅是一种可能的事情，而且现在已经接近完成的阶段。他当场为未来能够飞行一万英里的火箭式导弹画出了具体的形状：一枝好像中间有一双小翅膀的铅笔，长约 90 英尺，全身重量和特种混合燃料加在一起，大约有 5 吨重。钱学森还对这种火箭的性能作了详尽的分析和推测。

钱学森的这一见解在当时被称为"惊人的火箭理论"。纽约等城市的一些报刊纷纷加以报道，并且同时刊登了钱学森的照片。此外，还出版了一些有关他设计的火箭的连环画。

钱学森在美国期间，受到了丰厚的待遇，但他并不准备在美国待一辈子，他在美国学习和研究都是为回归祖国作准备。1949 年的中秋节，也就是新中国成立后的第六天。钱学森和十几位中国留学生共度佳节，畅谈祖国的未来，长久以来埋藏在心中的愿望这时强烈地爆发出来了：早日回到祖国去！

正当钱学森即将回国之际，不幸的事情发生了。1950 年 2 月，美国参议员约瑟夫·麦卡锡宣称，他掌握了一份在国家部门里工作的 205 名共产党人名单。一时间，以麦卡锡为首的狂热反共分子，在美国掀起了政治迫害的恶浪。

加州理工学院也未能幸免。钱学森及火箭小组的同事们开始受到接连不断的迫害。有的人甚至因否认是共产党人而被捕入狱，其他的人也失去了在加州理工学院工作的机会，只能放弃专业去从事不接触机密的商业活动。

1950 年 7 月，钱学森的"国家安全许可证"被军事部门吊销了。这意味着他将不能再在科学实验室里进行喷气推进的研究了，于是钱学森决定立即动身回国。

钱学森赶往华盛顿，来到海军次长金布尔所在的五角大楼办公室，向这位军事科研计划的负责人说明了有关情况。

"他们已经拿走我的国家安全许可证，我已经无法去学校里做许多我想做的事。我决定回国，因为我是中国人。"钱学森说。

金布尔听了大吃一惊，连忙说："你不能离开美国，你太有价值了。"

金布尔一方面假惺惺地劝钱学森留在加州理工学院，在未澄清国家安全许可证的事之前，改为担任数学教授，并且答应替他介绍一位辩护律师；另一方面，在钱学森离开之后，他就立即拿起电话打给移民局，告诉他们，无论如何不能让钱学森离开美国。

1950年8月23日午夜，钱学森一家乘飞机从华盛顿抵达洛杉矶，刚一下飞机，移民局的总稽查就迎上前去，立即向他宣布一道由司法部签署的命令：根据法律，不准他随便离开美国。

在这种无理的阻挠下，钱学森被迫退掉机票，回到加州理工学院。之后，他们一家人的活动便时刻受到联邦调查局的严密监视。

这一期间，美国海关还非法扣留了钱学森的全部行李，一大批联邦调查局的人员涌到洛杉矶港口的仓库大肆搜查。联邦调查局故意耸人听闻地制造谣言，说从钱学森的行李中查获了大量记有密码的书籍、照片、草图、记录以及大批有关火箭研究的技术资料，并宣称"这个狡猾的中国人的全部活动证明，他就是共产党的间谍"。然而谣言毕竟是谣言，联邦调查局的调查人员

查来查去仍一无所获，最后不得不承认，被检查的所有书籍、笔记中，除了一些书籍和科学杂志以外，其余都是钱学森自己的学术研究记录。

9月9日，美国联邦调查局在没有任何证据的情况下，以"企图运输秘密的科学文件回国"这一"莫须有"的罪名，将钱学森逮捕并宣布他是"不受欢迎的人"。钱学森被关押在特米那岛上的一个拘留所里，看守人员对他进行了惨无人道的折磨和迫害。

加州理工学院的师生及各方面的友好人士，听到钱学森被捕的消息后，立

即向美国当局提出强烈抗议。要求释放钱学森。在各方面的压力下，移民局于 9 月 22 日释放了钱学森。

这以后的五年里，钱学森名义上虽然自由了，但实际上是被软禁了。他不能离开居住地洛杉矶，他的信件和电话都要受到严密的检查和监视。

在这五年期间，钱学森并不是消极地等待回国，而是积极地为回国作准备。一方面，他尽可能地将以往有关军事机密的研究心得和资料反复进行翻阅，他知道美国是不允许他将这些资料带回国的，因此只能牢牢记在脑中；另一方面，他又开始了一门新学科的研究，那就是工程控制论。工程控制论看起来与国防研究无关，其实它与许多国防问题、生产过程自动化、电子计算机等都有密切联系。

1954 年，钱学森的《工程控制论》一书在美国发表，它标志着一门崭新的科学技术的正式诞生。书发表以后，美国人四五年内是不会读懂的，因为钱学森的科学思想远远超越了他当时所处的时代。

1955 年 6 月，钱学森在一封家书中夹带了一封短信，信是写给全国人大常务委员会副委员长陈叔通的。信中，钱学森请求党和政府帮助他早日返回祖国。

这封信很快被转交给了周总理。周总理看完信后，指示王炳南在中美日内瓦会谈上与美方进行斗争。经过不懈地努力，1956 年 9 月 17 日，钱学森一家人乘坐"克利夫兰总统号"轮船，踏上了回国的旅程。10 月 18 日，他们终于回到了祖国的怀抱！

回国后，钱学森对我国科学事业的发展作出了重大贡献，被人民誉为"中国的导弹之父"。

钱伟长的成才故事

钱伟长，江苏无锡人，中国近代力学的奠基人之一，擅长数学、物理学、中文信息学，著述甚丰，是罕见的科学全才。

出身江苏无锡县农村的钱伟长，由于家境贫穷，少年时长得十分瘦弱，穿得十分寒酸。见他这副模样，连祖母也断定他不会有什么大出息。

为了生计，钱伟长从小就不得不帮助家里干活。白天帮妈妈摘桑叶养蚕，晚上在油灯下跟妈妈学糊火柴盒和挑花，从早到晚地忙碌着。可忙里偷闲他还是常常和其他小伙伴到河中摸些小鱼小虾，或到田野里挖野菜。

钱伟长原本在本村的一所小学里读书。不幸的是一场无情的大火吞噬了他家的房子。全家人只好到镇上租房子住，因而上学地点也经常变动。懂事的他深知上学机会的来之不易，所以他加倍用功、努力地读书。

全家人挣扎在饥寒交迫之中，身为家中长子的钱伟长，主动帮助家庭挑起生活的担子，可是他太喜欢念书了，所以只好在放学后多干些活。

父亲知道了家中发生的事，从外地赶了回来。他认为孩子只有好好念书，有一技之长将来才不会受人欺负，于是把钱伟长带到无锡的一所工商学校念书。可爱好文学的钱伟长，改进了县立初中。

钱伟长断断续续地念完了初中，考进了苏州中学。由于前几年的读书并没有获得系统知识，许多课程过去没学过。但他没有被困难吓倒，凭着自己的意志和毅力，认真对待每一堂课、每一道题。经过三年苦读，钱伟长终于获得了优异成绩，高中毕业了。

一听说上海有个化学家每年都为几个学生提供奖学金，他想去试试。钱伟长一个人来到上海，一个月内先后考取了五所大学，最后他选择了清华大学。

钱伟长1940年公费留学加拿大，研究板壳理论颇有成就，1942年获博士学位。后来到美国加州理工学院和喷射推进研究所，与钱学森、林家翘、郭永怀一起在冯·卡门教授的指导下从事航空航天领域的研究工作，主要从事火箭弹道、火箭空气动力学设计、气象火箭、人造卫星轨道、火箭飞行的稳定性、超音速空气动力学问题等研究，除此之外，还有飞机颤振、潜艇设计、润滑理论、压延加工、连续梁等，并成为固体力学和流体力学大师。

在冯·卡门寿辰祝寿文集中收有钱伟长的板壳论文，这篇论文使得他被作为最年轻的中国学者跻身于一批世界著名学者之中。

钱三强的成才故事

钱三强（1913—1992），浙江绍兴人，核物理学家，中国科学院学部委员。

1913 年出生的钱三强，9 个月大就随父母从故乡去了北京。"五四运动"爆发之时，他才刚记事，就目睹了担任北大教授的父亲彻夜为《新青年》杂志写文章的激情，这在他幼小的心灵里烙下了深刻的印象。

少年时期的钱三强很喜爱读书。从孙悟空的神奇变幻、梁山英雄的仁侠好义到三国时代威武雄壮的战争史剧，他得到了不少的精神滋养。

在北伐军胜利的捷报声中，他看到了孙中山著的《建国方略》一书。书中勾画了未来中国的美好蓝图，被黑暗笼罩着的中国仿佛立见光明，钱三强一口气将它读完。"对，要使国家摆脱屈辱，走向富强，非建立强大的工业，非学习科学知识不可。"他这样勉励自己，专心致志地学习。

可是，祖国山河破碎、同胞受辱，他如何能安心于课堂学习呢？《告全国民众书》中说："现在一切幻想，都给铁的事实粉碎了。安心读书吗？华北之大，已经安放不下一张平静的书桌了！"钱三强无法平静了。他愤然撇下即将要考试的功课，积极参加了反对日本帝国主义的侵略、保卫华北的大游行中。

游行队伍浩浩荡荡地向前挺进着。寒冷的气温冻僵了他们举旗的双手；隆冬的北风像刀割一样，吹在他们脸上。"为祖国而战，当人权自由而战！"他与同学们唱着："听吧，满耳是大众的嗟伤！看吧，一年年国土的沦丧！……"钱三强唱着，喊着，热泪滚滚而下。西便门有一条铁路通向城内，可是没走多远他们就发现城门紧闭。他怒火万丈，与同学们用臂膀冲撞两扇大门，用木头冲击着这腐朽的城门。城头上面的军警急忙从上面丢下大量的石块，想驱散学生队伍。被激怒的同学们，一面冲着城门，一面向军警回敬石块。"哗！"一声巨响，铁门上的铜环脱落了，西便门终于被冲开了。

"冲啊！……"数百名学生如浪潮一般涌了进去。

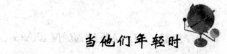

钱三强与同学们赤手空拳，对抗军警的刺刀、警棍、水龙头，鲜血洒在冰冻的大地上，刺骨的凉水浸湿了单薄的棉袄。流血的事实在钱三强脑海中打上了深深的烙印，政府腐败，青年学生怎能不肩负着救国的重任？

1936年，钱三强从清华大学毕业了，他选择了去法国留学。他在巴黎大学的导师是举世闻名的居里夫人，在居里夫人的带领下，他开始从事原子核物理的研究。学成归国后，他从事教学和科研工作，于1958年主持建立中国科学院原子能研究所，第一次亲自参与了原子弹爆炸试验，是我国卓越的原子能科学家。

他的许多重大科研成果，都来自物理研究方面。1966年，钱三强组织的北京基本粒子理论组，批判了当时国际上流行的基本粒子不可再分割的观点，提出了强子结构的层子模型，层子模型与夸克模型具有相类似的观点。层子本身是无限可分的，强子则由更深的一个层次的东西组成，这就是层子模型的基本观点。从这个设想可推出，所有强子都是由为数不多的几种层子构成。而层子可能有三种或九种，都带有分数电荷。层子的质量在理论上预计，大概为质子质量的十倍以上甚至几十倍。

晚年的钱三强身体日益衰弱，但仍担任了中国科协副主席、中国物理学会理事长、中国核学会名誉理事长等职务。他一直关心中国核事业的发展，为中国的科技事业作出了巨大的贡献。

林兰英的成才故事

林兰英（1918—2003），福建莆田人，半导体材料科学家，中国科学院院士。

20 世纪 20 年代的旧中国，重男轻女的意识还根深蒂固地存在人们脑中，尤其是在封建大家庭中，而林兰英就出生在这样的环境中。

为了能够像男孩子一样去上学，林兰英费尽了心思。她的母亲是一个农村妇女，没什么文化。在传统的观念里，女孩子小时候在家里帮大人干活、长大后嫁人是最正常不过的事，念书有什么用呢？可是，林兰英并不愿这样，她坚持要去上学。母亲为了让她没时间去想念书的事，就多安排活儿给她干。早晨天刚亮，林兰英就要起床给全家人做好早饭才能去上学，晚上回家后，还要做许多杂七杂八的家务。

林兰英就是这样坚持读完了小学，并以优异的成绩考入了中学。但接下来，她遇到了更大的难题。既然多做家务难不住林兰英，妈妈就以不给她交学费来难为她。林兰英下定决心：要靠自己的力量"挣"出学费。

于是，她更加刻苦学习、勤奋读书，到期末，她终于以优异的成绩获得了学校的助学金，自己"挣"到了学费。母亲也被她的决心和毅力征服，不再阻挠她去上学了。

在学校里、社会上，林兰英遇到了更多重男轻女的思想。"男孩天生就是比女孩聪明。"很多人常常在林兰英面前这样说。林兰英就是不服气，她要向所有人证明：女孩子是可以超过男孩子的。

初中时，林兰英是全校惟一的一名女生。每天进校门她都要鼓起勇气，更何况还要迎接那一束束充满蔑视和嘲笑的目光呢！林兰英把这种压力转化成她学习的动力，从初中到高中共 12 个学期，她一连考了 12 个全班第一名。老师和同学们不得不用佩服的目光来看她了，这种"女子不如男"的说法在林兰英面前不攻自破了。

　　高中毕业后，林兰英考上了福建协和大学数学系。大学毕业后，她曾留校任教。1948年，林兰英漂洋过海去美国攻读博士学位。她用自己的国际行动推翻了传统的"女子不如男"的错误观念。

　　1957年，林兰英回到祖国，从事半导体材料的科学研究工作。在她主持下，单晶锗、硅、锑化铟、砷化镓、磷化镓等先后研制成功，为我国半导体材料填补了空白，其中砷化镓材料的纯质达到国际先进水平。后来林兰英当选为中国科学院学部委员、中国科学技术协会副主席，成为我国著名的女科学家，是当之无愧的巾帼英雄。

哈维的成才故事

哈维生于 1578 年，是英国著名的医学家，因发现血液循环原理而闻名。

公元 1578 年 4 月 1 日，哈维出生在英国福克斯顿一个普通的农民家庭。哈维从小热爱学习，小学时的各科成绩都很好。16 岁时，他考取了英国著名的剑桥大学的冈维尔·凯厄斯学院，还获得了马太·帕克奖学金。19 岁时，他获得了文学学士学位。

当时，剑桥大学的学习生活十分紧张。每天上课和自学的时间长达 14 小时以上。由于没有足够的睡眠和缺少娱乐，入学的第三年，哈维就病倒了。他只好回家治病，并因此休学两年多。

回家治疗了很久，可病情仍不见好转。于是，妈妈为他请来一位民间医生。当时，英国和其他欧洲国家的民间医生的拿手医术是放血，他们认为放血能治百病。放了几次血，哈维忍受了极大的痛苦。然而，放血的体验却启发哈维思考了一个当时还没有真正解决的问题：血管割破以后，血为什么会不停地流出来？血液在人的身体里究竟是怎样流动的呢？

这一段生病的经历使哈维立志要成为一名医术高明的医生，救死扶伤，为人类造福。1600 年 1 月，哈维离开英国，途经德国和法国，来到以解剖学闻名的意大利帕多瓦大学医学院插班，开始了新的学习生活。

哈维的老师法布里奇是当时著名的解剖学家。这位教授的讲课方式和其他教师不同，他总是边讲边让学生看动物标本和图解，有时还进行活动物的现场解剖。哈维特别喜欢听他的课，他全神贯注地看解剖、记笔记，很快就成了班级的优等生。

1602 年，哈维获得了医学博士学位。在论文答辩时，面对许多知名的教授，哈维胸有成竹，对答如流。他的博士学位证书上写着："威廉·哈维以突出的学习成绩和不平凡的才能引人注目，并获得讲授解剖学、医学和外科学的著名教授们的高度赞扬。"

毕业后，哈维回到英国。他的母校——剑桥大学也授予了他医学博士学位。不久，他进入著名的圣巴塞洛缪医院，开始了他的行医生涯。

哈维在给人治病的同时，不断地思考"血液在人体内究竟是怎样流动的"这一问题。他查阅了大量资料，反复进行研究，还是得不到满意的结果。这期间，哈维对古罗马著名医士盖仑的理论，认为血液是以肝脏为中心流动的这一被世人认可的论点产生了怀疑。

盖仑认为，血液在肝脏里形成后，一部分流到各个器官，另一部分流到右心室，通过布满筛孔的心脏中膈，慢慢渗透到左心室……就像潮水涨落一样进行起伏运动，然后逐渐被身体吸收。他从神学的观点出发，认为人体的一切构造机能都是上帝安排创造的。

一千多年来，盖仑的这种论点被奉为是神圣而不可侵犯的。到了16世纪中叶，比利时的维萨里在解剖动物心脏时发现，心脏的中膈很厚实，血液根本不能渗透过去。由此可以证明盖仑的论点是根本站不住脚的。

与此同时，维萨里的老同学——西班牙的塞尔维特的研究证明，右心室的血液是流经肺部，通过曲折的道路到达左心室的，这又进一步推翻了盖仑所谓的心脏中膈有筛孔的论点。他的这一发现，就是血液的肺循环，也称作小循环。

为了了解心脏的构造和血液的运动，哈维长期坚持用青蛙、鱼、蛇、鸡、鸭、鸽、兔、羊、狗、猴子等80多种动物，进行了大量的解剖实验。他甚至在家里专门设立了一间解剖实验室，除了去医院给人看病，其余的时间他都在家里读书和作解剖实验。

经过多次实验，他终于弄清了心脏的基本构造。接着他想进一步了解心跳是否有规律，有的话是什么规律，血液在心房和心室里怎样流动等一系列问题，可心脏跳动太快，不易观察。于是哈维就用垂死的动物和冷血动物的心脏来作

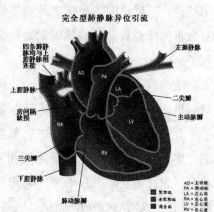

完全型肺静脉异位引流

实验。通过实验，哈维发现：心脏收缩时，立即变硬、变小，颜色也变浅；心脏静止时，又开始变软，颜色变深。他还把一个心室的尖端剪掉，露出一个洞口，从中可以看到心房每收缩一次，就会涌出一股血来。并且他还发现，把一根动脉割破后，每涌出一股血，心脏也正好收缩一次。

这个现象使哈维陷入深深的思考中：血液被不断地推出心脏以后，流到哪里去了呢？哈维决定用蛇来作实验，因为蛇死了以后，它的心脏还能跳动一段时间。实验的结果出来了，哈维并没有轻易下结论，又接着改用几种不同的动物重复这个实验，都得到了同样的结果。

哈维又请来一个很瘦的人，因为瘦人臂上的大静脉管比较明显。哈维用绷带扎紧这个人的上臂，过了一会儿，绷带以下肘窝和手腕处的动脉都不跳动了，而绷带以上的动脉却跳得很厉害；绷带以上的静脉很快瘪了下去，而绷带以下的静脉却鼓胀起来。

于是哈维得出结论：心脏里的血液被推出来以后流进了静脉，而静脉里的血液又流回了心脏，动脉和静脉里的血总是朝着一个方向流动的。那么是什么原因使血流的方向不会改变呢？哈维想起了法布里奇教授讲的静脉瓣，可当时教授并没有说明它的功能。

哈维解剖了许多动物的静脉管，发现静脉瓣是半月形的，而且是向着心脏的方向生长。这种构造势必造成静脉里的血只能是向着心脏方向流动，而不会出现倒流。可是动脉和静脉之间是怎样联系的呢？他把几种动物的动脉割破以后，血一股接一股地流出来，等血流完，动物也就死了。于是，他得出结论：这就是因为动脉里的血不能再流到静脉里去，从而导致静脉里也没有血再流回心脏。当动脉里的血流完了，心脏也就不再跳动，动物自然也就死了。

哈维为了证实自己的观点，连续作了十几年的动物活体解剖实验。这段时间里，他废寝忘食，有时甚至连续工作36个小时。

有一天，哈维梦见一位神学家责问他："盖仑说动脉和静脉是互不相通的，你却说是通过无数'桥梁'相通的，这不是太可笑了吗？"哈维惊醒后，若有所思，他立即翻身下床，又跑到实验室作起动物实验来。他用解剖刀在动物肌肉上轻轻地割开一个小口子，马上就有血慢慢地流出来。然后他又在自己大腿上看不到动脉和静脉的地方也割开一个小口子，果然也有血流出来。他高兴地跳了起来，因为这证明了他的设想：在动脉和静脉之间，应该有无数小的通道，在起着"桥梁"作用。然而当时的低倍显微镜还不能观察到这种极其细微的结构。正是这种肉眼看不见的"肌肉细孔"在输送血液，沟通着动脉和静脉。

接着，哈维又作了许多动物心脏和肺脏的实验，证明了塞尔维特的肺循环理论，解决了"左右心室如何沟通"这一疑难问题。在此基础上，他还绘出了一幅完整的血液循环图，肯定了心脏是血液运动的中心，明确了心脏搏动是血液循环的推动力。

1628 年，在伦敦医学院担任解剖学讲师的哈维，一边教学，一边对自己十多年来的探索进行总结，从内容到文字反复进行推敲，终于写成了《动物心脏和血液运动的解剖研究》一书。这部著作从根本上推翻了被人们奉为经典的盖仑的理论。

哈维的著作无可避免地遭到了教会和保守势力的攻击。他们诅咒他的学说是"荒谬的"、"无用的"、"有害的"，甚至诬蔑哈维是"疯子"、"独出心裁的危险理论的提出者"等等。在这种情况下，许多人不敢再来找哈维看病，甚至他的一些朋友也对他的学说产生了怀疑。

对此，哈维采用了一种绝妙的回击方式：让那些人到他的实验室看他作实验，或者让他们自己作实验。有一次，一些激烈的反对者和附和他们看法的人来到哈维的实验室，其中有神学家、医生、哲学家、生物学家、生理学家等。哈维为他们当场进行了实验。首先，他在来宾中选了一位青年人，然后在他身上作了静脉管结扎实验，以此来证明血液是由静脉运送回心脏的；接着，他又用狗作了动脉结扎实验，证明动脉里的血液是从心脏流过来的；然后，他又在一只兔子身上演示了血液循环的整个过程。

从此，支持血液循环学说的人越来越多。这一学说在哈维死后不久，终于得到了科学界的公认。

哈维进入晚年后，仍坚持进行科学研究。1651 年，哈维的另一部名著《论动物的生殖》出版了。他提出的"渐成论"和后来达尔文提出的"生物进化论"的观点是一致的。

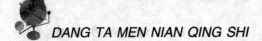

哈维的一生非常节俭，从不乱花钱。但是，他却用自己的积蓄建造了两座楼房：一座是图书馆，一座是会议厅，并把它们全都赠给了伦敦医学院。临终前，他向伦敦医学院捐献了全部遗产，并要求每年从中拿出一定的数额，用于奖励本年度对医学有贡献的人。

1657年6月3日，这位因发现了血液循环而闻名于世的伟大科学家的心脏停止了跳动，终年80岁。伦敦医学院为了纪念哈维在医学上的巨大贡献，给他塑了一尊铜像，供后人瞻仰。

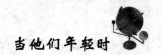

富兰克林的成才故事

本杰明·富兰克林（1706—1790），是美国物理学家、社会活动家，他发明的避雷针极大地促进了人民生产和生活的发展。

公元1706年1月17日，本杰明·富兰克林出生于波士顿一个贫苦的手工业者家庭。由于家境困难，少年时代的富兰克林没受过几年教育，但是他凭着自己顽强的毅力一直自学着各种知识。

后来，富兰克林听从父亲的劝告，放弃了当海员的梦想，来到他哥哥办的印刷所里当了一名徒工。这对于他来说，简直是天赐良机。因为在这里，他可以有更多的机会来接触各种书籍，从此他成了印刷所里每本新书的第一个读者。

富兰克林从小就表现出发明创造的天赋。他非常喜欢游泳，为了游得更快，他竟设计了一个游泳加速器：他把一个大风筝放到空中，然后把风筝绳末端缚上一块木板。他躺在木板上进入了水里。效果非常不错，他的速度要比同伴们快得多。

在富兰克林15岁那年，他哥哥在波士顿办了一份报纸，名叫《新英格兰时报》。少年时代的富兰克林对给报纸写文章十分感兴趣，但他知道，如果把稿件直接交给哥哥詹姆士的话，一定会碰钉子。怎么办呢？最后，他终于想出了一个好办法。

他花了几个晚上，精心地写了一篇文章，末了署上一个名字：莎伦丝·多古德夫人。然后趁人不注意，把稿件从印刷房大门下塞进去。第二天早晨，詹姆士看了这篇文章，觉得文字和内容都不错，便在报上登载了。

接连几个星期，詹姆士收到一篇又一篇署名为莎伦丝·多古德夫人的文章，而且文章的质量都很高。报纸一期期出版，可作者一直没有找到。直到有一天富兰克林自己不小心说漏了嘴，这个谜底才总算被揭开。起初哥哥并不相信，富兰克林越解释，他越认为弟弟是在撒谎。因为他认为弟弟根本不具备那个能力。直到富兰克林拿出草稿，他才接受了这个事实。但从此哥俩的感情却不知为何出现了裂痕。

由于《新英格兰时报》经常发表讽刺当局的文章，殖民当局对此恨之入骨。有一天，他们找借口逮捕了詹姆士，富兰克林便义无反顾地挑起了报纸主编的重担。报纸继续按时出版，而且对当局的挖苦也更加厉害了。

詹姆士被关了一个月才放出来。当他看到弟弟把报纸办得有声有色，而且处处受到人们赞扬时，心里很不是滋味。从此，他对弟弟的一举一动更是看不顺眼，有事没事总找他的茬。富兰克林终于忍无可忍，决定离开哥哥，离开波士顿。

1723 年，富兰克林依依不舍地离开了家乡，开始了自力更生的生活。他先是到了纽约，但没找到工作。又转到费城，在一个叫凯默的老板开的印刷所里做了印刷工人。

当家里人得知了富兰克林的消息后，便托他的好友宾夕法尼亚州州长基恩爵士到印刷所去看望富兰克林。

基恩爵士很关心富兰克林，并劝他离开凯默，出去自己开一间印刷所，而且保证今后官方的印刷业务都包给他做。

在基恩爵士的鼓动下，富兰克林带着爵士写的几封信，只身一人远渡重洋，来到英国伦敦。

他在一家规模很大的印刷公司工作。由于富兰克林有熟练的印刷技术，更主要的是他言行一致，聪明能干，很快便赢得了老板瓦茨的赏识。

过了一段时间，和他同船来英国的德纳姆先生准备返回费城了，他动员富兰克林和他一同回去，到他开的商店去当伙计。富兰克林此时也开始思念家乡了，于是一拍即合。可惜回费城不久，德纳姆先生便病故了。富兰克林只得重操旧业，回到了凯默的印刷所。

正巧，殖民当局决定试发行纸币，由于富兰克林具有高超的印刷技术，这笔生意自然就落到了凯默的印刷所，由富兰克林主持纸币的制版印刷。富兰克林刻出了印纸币的精致铜版，这是全美洲的第一块铜版。

虽然这几年来富兰克林一直过着颠沛流离的生活，但是他读书的爱好却

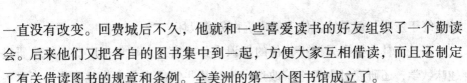

一直没有改变。回费城后不久，他就和一些喜爱读书的好友组织了一个勤读会。后来他们又把各自的图书集中到一起，方便大家互相借读，而且还制定了有关借读图书的规章和条例。全美洲的第一个图书馆成立了。

1729 年，富兰克林靠朋友筹资办起了小印刷所。此时，当地各界又在讨论发行纸币的问题，富兰克林及时撰写了《略论纸币的性质与必要》一文，论证了发行纸币的益处。后来，州议会通过了发行纸币议案，富兰克林也由此获得了纸币印刷权。

在印刷业务不断扩大的情况下，1730 年，富兰克林又主办了《宾夕法尼亚新闻报》。他的报纸不仅消息灵通，而且办得有声有色，由于经常为老百姓说话，因此深得当地人的喜爱。

1732 年，富兰克林开始出版由他编著的《可怜的理查历书》，历书中记载了日历的演进，季节气候的变迁，还附有各种常识、格言、谚语等内容。这本书后来成了当地家庭必备之书，连续出版 25 年之久。

经过十几年的辛勤劳动，富兰克林有了相当可观的收入。稳定的生活，给他带来了充裕的时间，除了看书以外，他又重操旧业，搞起了创造发明。他首先发明了可在房子中间生火而烟囱接到室外的热效能较好的"富兰克林式火炉"，代替了弊病较多的旧式壁炉。

自从革新火炉成功问世后，富兰克林便把印刷所转让给别人，开始专心进行科学研究。不久，他从风车上得到启发，制成了世界上第一台由风车带动的旋转式自动烤肉机。随后，他又对电产生了浓厚的兴趣。

1752 年 6 月，富兰克林作了一次轰动世界的实验。那是一个闷热的雷电交加的雨天，富兰克林和他的儿子冒着生命危险用风筝把空中的闪电引至地面，结果发现空中的电和地面因摩擦产生的电有相同的属性。

接着，他根据凡是高耸的目标都容易招引雷电的现象，经过反复地实验，终于发明了避雷针。使大量建筑物免遭毁坏。

富兰克林一生酷爱读书，他的知识十分丰富，兴趣也很广泛。他钻研过趣味数学，还研究过农田土壤改造。他对某些气象现象也作过分析，当时美洲自然哲学协会很重视他的气象报告。他还对航船进行过研究，建议船员们装运货物时，应使船尾重于船首，使船首翘起以减少船和水的接触摩擦面。同时，他又设计并改进了船帆，从而大大加快了船的航速。他的科学发明誉满欧美，他也因此被英国皇家学会接纳为会员，并获得科布雷奖金。

富兰克林对社会公共事业也十分关心，他不仅创建了第一个图书馆，还帮助建立了一个学院（后来扩展为宾夕法尼亚大学）。此外，他还为费城的市政建设做了许多有益的工作。

才华横溢的富兰克林对政治也表现出了极大的热情。他坚决反对殖民统治。1754 年 6 月，他以宾夕法尼亚代表的身份出席了殖民地代表会议，明确地提出建立自治联盟的要求。

1758 年以后，富兰克林作为宾夕法尼亚殖民地常驻宗主国的代表在伦敦待了 15 年。这段时间，他虽然身在伦敦，但却与祖国人民同呼吸共命运，积极地参加反殖民统治者的斗争。

1775 年 5 月，富兰克林以宾夕法尼亚代表的身份参加了第二届大陆会议，之后被委任为《独立宣言》起草委员会的五位委员之一。7 月 4 日，富兰克林庄严地在这个具有伟大历史意义的文件上签上了自己的名字。

1776 至 1783 年期间，富兰克林和迪安在法国进行了积极的外交活动，从而使美国获得了大量的经济援助和军事援助。1777 年 10 月，美军在萨拉托加战役中取得了决定性的胜利，扭转了整个战局，这使得富兰克林的外交活动更加富有成效并因此取得了巨大成功。所以，现在的美国人在谈到美国独立战争的问题时，总要谈到富兰克林，因为富兰克林的外交胜利是美国独立战争取得最后胜利的一个重要因素。

1785 年，79 岁的富兰克林在胜利地完成他一生中最后一项外交使命后返回了祖国。法国人民热烈地欢送他，美国人民非常隆重地欢迎他。当时的情形令富兰克林终生难忘，他在自己的回忆录中写道："我幸福地度过了自己的一生。"

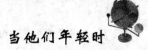

　　富兰克林回国后，深受人民的爱戴，连续担任了三年宾夕法尼亚州州长。1787 年，他参加了制宪会议，尽管他不同意宪法中的某些保守内容，但还是在宪法上签了字，使宪法得以顺利通过。

　　1790 年 4 月 17 日，富兰克林逝世，享年 84 岁。美国人民沉痛悼念这位美国著名的思想家、政治家和发明家，深切怀念这位为美利坚民族独立事业作出贡献的人。

瓦特的成才故事

瓦特生于 1736 年，英国发明家。他发明了蒸汽机，使人类社会进入"蒸汽时代"。

瓦特于 1736 年 1 月 9 日出生在苏格兰格林诺克城的一个造船匠家庭，因从小体弱多病，父母很晚才送他去学校读书。在此之前母亲教给了瓦特语文和数学知识，鼓励他玩各种玩具和小机械，培养他观察思考问题和动手实践的能力。

瓦特小时候经常到姨妈家去玩。一次，壶里的水开了，蒸汽把壶盖冲得"啪啪"作响，从壶嘴里冒出白雾。瓦特对此产生了兴趣，他目不转睛地盯着振动不停的壶盖，在炉旁待了一个多钟头。姨妈看见了，还责备瓦特是个懒孩子。回家后，瓦特便开始寻找壶盖跳动的原因。

后来瓦特进入格林诺克的文法学校学习，由于身体不好，他一直表现得沉默寡言，经常被别人欺负，没有毕业就退学了。18 岁那年，瓦特到格拉斯哥城学习手艺，在钟表店做学徒，后来又去伦敦学习机械制造。1757 年，在朋友们的帮助下，瓦特到格拉斯哥大学当修造教学仪器的工人。他在那里与化学家约瑟夫·布莱克和以后成为物理学教授的约翰·鲁滨逊成为好友。他们三人经常聚在一起，讨论研究改进蒸汽机的问题，瓦特从中学到了不少科学理论知识。

1764 年，瓦特与表妹玛格丽特·米勒结婚。同年，瓦特受委托修理一台纽可门蒸汽机。机器很快就被修好了，但瓦特并不满足，决心进一步改进它。瓦特发现纽可门蒸汽机有许多缺陷，主要是燃料耗费太大，而且应用的范围有限，只能用于矿井抽水和灌溉。他决心造一台比它更好的蒸汽机。

于是，他与一个叫约翰·巴罗克的工厂主合伙，经过三年多反复试验，终于在 1768 年制造出真正能够运转的蒸汽机。1769 年，他获得了发明专利权。瓦特发明的新型蒸汽机，除了采用分离式冷凝器外，还采用了如机油润滑、填料函、气缸绝热套等一系列改进和发明。它的耗煤量仅为纽可门蒸汽机的1/4，工作效率却大大提高。

1781年，瓦特提出五种将往复运动转变成旋转运动的方法，其中最有名的"行星齿轮结构"在后来的工业生产中得到了广泛应用；1782年，瓦特获得了"双动作蒸汽机"的专利；1784年，瓦特在他的新专利中又提出了"平行连杆结构"的概念，使蒸汽机具有了更广泛的实用性。

马克思说："瓦特的伟大天才表现在1784年4月他所取得的专利说明书中，他没有把自己的蒸汽机说成是一种用于特殊目的的发明，而把它说成是大工业普遍应用的发动机。"1788年，他又发明了离心调速器和节气阀；1790年，完成了气缸示功器的发明。至此，瓦特完成了对蒸汽机发明的全过程。

瓦特对蒸汽机的发明是第一次工业革命中划时代的重大事件。蒸汽机的广泛应用，使人类获得了空前强劲的、可被人类控制的动力资源，对社会经济的跨越性发展起到了关键性作用。1807年，美国人富尔顿把瓦特的蒸汽机装在轮船上，宣告了航运帆船时代的终结。1814年，英国人史蒂芬逊把瓦特的蒸汽机装在火车上，开始了陆路运输的新时代。

瓦特的成就得到了人们的高度评价。1785年，瓦特被选为伦敦皇家学会会员；1806年，他被授予格拉斯哥大学法学博士头衔；1814年，他被推荐为法兰西国家学会会员。

1819年8月25日，瓦特在家中安然去世，享年83岁。后人为了纪念他的伟大发明，把功率计算单位称为"瓦特"。他的名字将永远载入人类科学的史册。

拉瓦锡的成才故事

拉瓦锡（1743—1794），法国著名化学家，建立了以氧为中心的燃烧理论，为近代化学的发展奠定了基础。

公元 1743 年，拉瓦锡出生于法国巴黎的一个律师家庭，父亲希望他长大以后也能成为一个律师。中学毕业后的拉瓦锡遵从父亲的意见，考入索尔蓬纳学院学习法律，但在学校里，他却对自然科学产生了浓厚的兴趣。

1763 年，拉瓦锡大学毕业，到他父亲的事务所工作，可他并没有放弃对科学研究的爱好。1766 年，拉瓦锡参加了法国科学院举办的解决城市照明问题的竞赛。他的报告引起了科学院的重视，他也因此获得了一枚金质奖章。这件事成了拉瓦锡事业的转折点，1769 年，拉瓦锡当选为法国科学院院士。

早在 17 世纪，比利时化学家海尔蒙特就总结出一种观点：世界上一切物质的基本元素是水，其次是空气。为了证明这一论点，他曾用 200 磅烘干的土种了一棵柳树，平时只浇水不施肥，5 年后柳树长大了，但 200 磅土却丝毫没少，于是海尔蒙特便由此证明水可以变成木。接着，海尔蒙特又作了一个实验，他将水放在玻璃容器里不停地煮沸，结果发现水底有土一样的沉淀物，于是他又下结论说水可以变为土。这"柳树实验"和"水变土实验"，当时得到了不少化学家的认可。但拉瓦锡却不盲目地信服，他决定重复"水变土"的实验。

拉瓦锡设计了一个循环玻璃蒸馏瓶，蒸汽可在上部冷凝后变成水又流回底部。经过 101 天不断地加热，水里果然出现了白色的沉淀物。这就是水变成的土吗？拉瓦锡称了称瓶里的水，和起初一样重，但蒸馏瓶却变轻了，而且失去的重量恰好和那沉淀物的重量相等。

通过这个实验，拉瓦锡证明了出现在水中的像土一样的沉淀物其实不是水变成的，而是水溶解了当时制作还比较粗糙的玻璃中的部分物质而沉淀下来的。接着，他把实验的数据和结论写在了《论水的性质兼论"证明"水可能变为土的实验》一文中。论文用无可辩驳的数据和结论推翻了海尔蒙特"水变土"的错误理论。

正因为拉瓦锡注重当时的许多化学家都不重视的定量分析，才使他后来能在化学研究上不断地取得一个又一个重大突破。其中最显著的就是推翻了占统治地位100多年的燃素说。这一方法为近代化学的研究奠定了基础。

1673年，英国化学家波义耳作了一个实验：他将一块锡放在敞口瓶里煅烧后，再称这块锡，发现它的重量增加了。重量怎么会增加呢？波义耳解释说，火里有一种火粒子，穿过玻璃被金属吸取了，所以金属的重量便增加了。

1703年德国化学家施塔尔在波义耳实验的基础上提出了"燃素说"。他认为：一切可以燃烧的物体里面都有燃素。至于为什么锡一类的金属燃烧后重量反而增加，燃素说的学者就解释不清楚了。可尽管如此，"燃素说"还是拥有众多的拥护者。而拉瓦锡对这个学说却有很大的怀疑，他决心全面研究这个问题。

拉瓦锡首先重复了波义耳作过的实验。他将一块过了秤的锡放入可以密封的曲颈瓶里，然后又称了瓶和锡的总重量，接着便加热，直至锡被烧成了灰渣。这时再用天平秤，他发现锡和瓶的总重量并没有发生变化。这就证明，并没有"火粒子"透过玻璃被金属吸收。可当拉瓦锡将灼热的曲颈瓶封口打开以后，空气跑了进去，这时奇迹发生了，锡和瓶的总重量增加了，单独再称锡的煅灰，也确实增重了。由此可见，锡煅灰增加的重量不是来自火，而是来自空气。

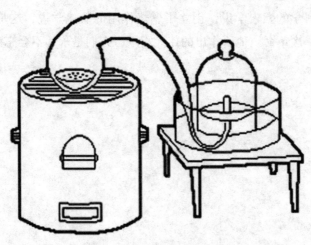

拉瓦锡又用磷和硫作了同样的燃烧实验，都得出了同样的结果，从而再次证实了被烧的物质确实吸收了空气。后来，拉瓦锡又继续实验，他终于将这种被吸收的气体分解出来了。这种气体就是我们今天所说的氧气。

拉瓦锡对自己的燃烧学说十分慎重，在以后的几年里又作了大量的燃烧实验，并对燃烧产生和剩余的气体都进行了认真的研究。在对这些实验结果进行综合分析之后，1777 年，拉瓦锡向科学院提出《燃烧概论》的报告，建立了燃烧作用的氧化学说。报告中指出：物体只有在氧存在时才能燃烧，并放出光和热；物质在燃烧时吸收了氧，增加的重量正好是吸收氧的重量；一般可燃的非金属物质燃烧后，通常变为酸性氧化物，溶于水变为酸，一切酸中都含有氧；金属燃烧后变为金属氧化物。

拉瓦锡在 1783 年完成将水分解成氢和氧的实验。他以充分的事实，揭开了物质燃烧的秘密，从而彻底推翻了占据化学领域统治地位达百年之久的"燃素说"。

恩格斯对燃烧作用的氧化学说的建立，曾给予很高的评价，他在《自然辩证法》中指出："拉瓦锡在普利斯特列制出的氧中发现了幻想中的燃素的真实对立物，因而推翻了全部的'燃素说'。"

拉瓦锡在创立燃烧作用的氧化学说后不久，又与其他三位法国化学科学家一起拟定了化合物的第一个合理命名法，并在 1789 年写成了一本新体系的《化学基本教程》，这对后来化学科学的发展起了重要作用。

1794 年，51 岁的拉瓦锡不幸与世长辞。但他在化学事业的发展中，推翻了传统的不科学的燃素学说，创立了燃烧作用的氧化学说，这是他在化学科学事业上的一次革命。他所作出的伟大贡献，人们是永远不会忘记的。

牛顿的成才故事

牛顿（1642—1727），英国物理学家、数学家。他的万有引力定律、力学三定律，以及他对光学、数学、化学的研究，为近代科学发展奠定了坚实的基础。

幼年的牛顿并不聪明，在学校里，他学习成绩很差，因此常受到歧视和欺侮。但是牛顿的手很巧，会做各式各样的玩具。他把外婆给他的零花钱都积攒起来，买了锯子、钉锤、凿子等工具。

一天，牛顿在放学的路上看见村东头的磨坊里正在安装水车。他蹲在旁边看得入了迷，甚至连回家吃饭都忘了。从此，他每天放学后都要跑去看上一阵子。水车装好了，牛顿帮外婆背着一口袋麦子去磨面，只见水车带动石磨不停地旋转，雪白的面粉便从石磨周围撒下来。

牛顿在水车跟前仔细地观察了一番。在回家的路上，他对外婆说："外婆，回去我也要做一架水车。"

这以后，牛顿每天放学回家，扔下书包，就钻进自己的小屋里，"叮叮当当"地敲打起来。过了些日子，一架小小的水车果然做成了。外婆看了很高兴，逗他说："你的水车能磨面吗？"牛顿天真地笑了，外婆也笑了。

第二天上学，牛顿把他那架小小的水车带到学校去，摆弄给同学们看。放学后，又拿到小河边去试，水车的轮子转得很灵，牛顿非常得意，同学们也夸他做得好。正在这时候，同班的卡特大声说："牛顿，水车为什么会转，你能讲出道理来吗？"卡特是个学习成绩好，且又十分骄傲的孩子。

"道理？"牛顿从来都没想过，再加上平时学习差，水车转动的道理，他一时还真说不清楚。卡特看牛顿支支吾吾答不上来，嘲笑道："光会做，讲不出个道理来，顶多是个笨木匠。"说罢，一脚把水车踢出好远。一向懦弱不爱说话的牛顿，看着自己费尽心思做成的水车被踢坏了，再也忍不住心中的愤怒。他握紧小拳头，用尽全部力气朝卡特打去，一下子就把卡特打倒在地。

这是牛顿生平第一次打架，虽然有点儿野蛮，但却从此改变了同学们对他的态度，以后再也没有人敢欺负他了。这件事也给了他一定的激励，他暗暗下了决心："只要自己努力学习，决不会落在别人后面。对，我要给他们学出个样儿看看。"

从此，牛顿发奋学习，一跃成为班里数一数二的优等生。

其实，少年时代的牛顿，跟普通的孩子没什么区别，一点也显示不出天才的样子。如果说他和别的同学有什么不同，那就是他热衷于研究一切事物，一旦他对某一事物产生疑问和兴趣，便会寻根问源，穷追不舍，直到把事物的前因后果搞得一清二楚才肯罢手。这种性格，在他后来的科学研究活动中充分地体现出来，这也是他取得巨大成就的原因之一。

1666 年初秋，24 岁的牛顿已经是剑桥大学的研究生了，因为鼠疫正在全国流行，学校被迫放假，他回到了故乡。那几天，牛顿整天趴在二楼那间安静的小屋里翻阅着一本有关天体运行的著作，满脑子都是关于天体运行的问题。所有发表过的有关天体运行的论文，他都仔细读过了，竟没有一篇能使他满意。

波兰天文学家哥白尼在 100 多年前曾说过："引力是按照神的意志给予物质各部分的自然属性。因此，物质的各部分都具有聚合成球状的倾向。这种倾向，无论是太阳、月球、地球，同样具备着……"

德国天文学家开普勒也说过："月球被地球牵引着；相反，月球也吸引着地球上的海水。在太阳那里，有一只肉眼看不见的巨手，它伸向行星，拉着这些行星跟太阳一起旋转……"

可是，这些说法，都没有经过证明，因此还不能肯定它们就是科学的论断。

"假如太阳对于行星，地球对于月球，各自给予引力的话，那么，究竟应该怎样来研究这种力呢？"

困扰牛顿的，正是这个问题。

由于在屋里待得太久了，他感觉有些憋闷，于是他走下楼，来到后院一片果实累累的苹果园里。

秋高气爽，金色的阳光透过繁茂的枝叶，斑斑驳驳地洒在树下。成熟了的苹果，被阳光镀上一层金黄色，好看极了。然而眼前的田园美景，并不能

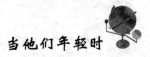

使盘旋在牛顿脑海里的科学问题让位。他坐在树下的石凳上，依旧沉浸在苦苦地思索之中。

太阳快要落山了。牛顿仰视天空，那双似乎能看穿九霄云层的眼睛，好像看到了什么，又好像什么也没看到。一会儿，他又收回目光，无意识地看了看被夕阳映得通红的苹果。这时，恰巧一个苹果悄然离开树枝，落到了地上。

"苹果掉下来了。"牛顿自语着。立刻一连串的问号在牛顿的大脑里盘旋起来。

苹果为什么会掉下来呢？

这么广阔无垠的空间，苹果为什么不飞向天空，却偏要落到地面上呢？

一切事物都有重量，都能从高处落到地面，可这重量是哪里来的呢？

牛顿思索着，久久地凝视着滚落到脚前的苹果。这个苹果像月球那样在牛顿的脑海里旋转起来，一圈、二圈、五圈、十圈……越转越快，他感到眼花缭乱……一会儿，牛顿的头脑忽然开窍了，他的眼里闪出了兴奋的光芒。

"苹果落在地上，是因为地球的吸引力，这种吸引力也同样可以到达月球。月球之所以能以一定距离围绕地球转动，是因为月球总是向地球方向下落的缘故。就像苹果落下来一样，月球同样也是向着地球下落。"

推想开来，各行星之所以围绕着太阳运转，也是由于受到太阳引力作用的缘故。宇宙中一切物体间，都存在着一种相互吸引的力。

"万有引力"的思想就这样诞生了。

穷追不舍，寻根求源，是牛顿的性格。他没有让思想暂停一步，"地球吸引着月亮，太阳吸引着各行星，可为什么它们不像苹果落向地面那样，落向地球，落向太阳呢？"

这时他想起儿时做过的一个游戏：把一小桶牛奶系在绳子上，抓紧绳子的另一头，用力抡起来，快速地旋转，牛奶能一滴不洒，但速度慢了就会洒一地。这不就是因为一种向里拉引的力和一种向外挣脱的力，相互对抗而又互相平衡的结果吗？这种挣脱的力，就是由物体横向运动的速度而产生的。

牛顿设想：有一个巨人站在地球的一座最高的山顶上，沿水平方向扔石头。如果石头的横向运动速度小，石头就会沿一个抛物线轨迹而落向地面；假如石头的速度很大很大，石头运行轨迹的弯曲程度就会和地球表面弯曲的程度相同，那么，石头就永远不会落到地面上。这块石头就能像月球那样，永远绕着地球旋转下去。

牛顿抓住"苹果落地"这个自然现象继续研究，他思索、计算，终于成功地发现了万有引力定律。

1667年3月，牛顿回到剑桥大学，继续进行学习和研究。1668年，他当了剑桥大学的特级研究员。1669年，他被选为英国皇家学会的会员。同年，牛顿学生时期的指导教授巴罗又推选他继任"鲁卡斯数学讲座"教授。这时，他才27岁。

牛顿不修边幅，不讲吃穿，很少为生活方面的事情分心。尤其是当他专心致志地扑在某项研究课题上的时候，他甚至会忘记睡觉，忘记吃饭。有时清晨起床，刚套上一只袖子，忽然想起一个问题，他就会那样吊着另一只袖子痴呆呆地坐在床边上沉思一整天。

1685年，他开始著述《自然哲学的数学原理》一书。有一次，牛顿请他的朋友司徒克博士吃午饭。朋友到了以后，给牛顿做饭的老太太也已经把饭菜摆上桌子了。这时，牛顿忽然想起了什么，他离开了摆满香喷喷饭菜的餐桌，慌忙走向实验室，只留下一句话："老朋友，请等一等。"

"啊，先生的老毛病又犯了。"老太太絮叨着。

"也许，牛顿先生是去拿好酒了吧！"司徒克博士说。

等了很长时间，还不见牛顿出来。司徒克博士说："这么久了，牛顿先生怎么还不回来？"司徒克饿得实在撑不住了。

"恐怕先生早把吃饭的事忘得一干二净啦。你别等他了，自己吃吧。"老太太说道。

无奈，司徒克博士只好自己先吃。老太太趁这工夫出去办事了。司徒克吃完后，只好自己动手把吃剩的鸡骨头放到餐盘里，然后靠在沙发上打起盹来。

又过了不知多久，牛顿才兴冲冲地从实验室里走出来。他叫醒了朋友，一面连声道歉，一面准备吃饭。当他看到餐盘里的鸡骨头和用过的餐具时，便拍着脑门笑着说："哦！原来已经吃过了，我还以为我们还没有吃饭呢！"

司徒克博士在一旁看了，不禁捧腹大笑。

牛顿为了科学研究，经常是废寝忘食地工作，1687年7月牛顿完成了《自然哲学的数学原理》这部传世巨著，为以后自然科学的发展奠定了基石。

科学家在科学的道路上也并不是一帆风顺的。1692年的一个晚上，年近半百的牛顿在书房里，把写完了的光学手稿装订起来。望着这一点一滴心血凝聚而成的著述，他的脸上露出了笑意。

可就在他出去散步时，家里养的小猫碰翻了桌上的蜡烛，这部凝聚了他20多年心血的成果被付之一炬。

牛顿像掉进一个见不到底的深渊里，他痛苦得近乎绝望。亲爱的妈妈刚刚去世，比自己生命还宝贵的研究成果又被烧毁了。然而，在低潮的心情过后，牛顿又振作起来。他决心重整旗鼓，向光学发起第二次"进攻"。

为了恢复身心健康，牛顿到离剑桥大学不远的一个幽静的旅馆去休养，并打算在那里重新开始自己的研究工作。

一个晴朗的早晨，太阳刚刚升起，牛顿在客人稀少的院子里，用麦秆吹起肥皂泡。他吹了一个又一个，一串又一串。他仔细地观察这些肥皂泡：肥皂泡在空中飘浮着，闪现出五颜六色的光彩。店主疑惑地盯着这个老头。店主哪里知道，这个古怪老头正在研究着光线在薄膜上的反射现象呢。

1704年，牛顿终于出版了重新整理起来的巨著：《光学》。科学在常人眼里，是艰苦的象征；而在牛顿眼里，则是一朵美丽的鲜花，花香扑鼻，引诱着他去看，去摘取。

人生的道路是曲曲折折、迂回坎坷的。当牛顿年过半百的时候，他竟产生了放弃科学研究的念头，而走上了仕途。这是因为，先是在微积分的发明权上，他与德国的莱布尼茨发生了争论；紧接着，在万有引力定律的发现权上，又和皇家学会创始人之一的虎克，发生了激烈的争论。这样的争论，使得牛顿感到懊丧和从未有过的疲倦，他想从这种境况中解脱出来。因此，他弃"科"从"政"，先当了国会议员，后又做了铸币大臣。

但晚年的牛顿终于又回到科学的轨道上来。1727年3月初，他还拖着衰弱的病体去参加了皇家学会的例会。

1727年3月30日，在肯吉敦家里的病榻上，牛顿永远离开了我们。他留给世界的最后一段话是：

"我不知道世人怎样看我。但我自以为我不过像一个在海边玩耍的孩子，不时为发现比寻常更为美丽的一块卵石或一片贝壳而沾沾自喜，而对于展现在我们面前的浩瀚的真理海洋，却全然没有发现……如果说我所见的比笛卡尔多一点，那正是因为我是站在巨人肩膀上的缘故。"

富尔顿的成才故事

富尔顿生于 1765 年，是美国轮船发明家，他设计制造了第一艘以蒸汽机作为动力的轮船。

美国轮船发明家富尔顿，1765 年 11 月 14 日出生于宾夕法尼亚州兰开斯特县。在 17 岁时，富尔顿到费城独立谋生，虽然年纪轻轻，但他已能绘制机械图和设计车辆。

从 1793 年起，富尔顿在研究和总结前人经验的基础上，绘制了许多船舶、桨轮、锅炉和蒸汽机的草图。早期的轮船，或仅能空船行驶，或航速不及帆船，或因机器消耗燃料太多等原因都未能得到实际应用和推广。富尔顿想解决轮船的种种弊端，于是他对船身的长宽比和各项尺度、动力和桨轮大小等问题进行了一系列试验。

经过九年时间的研究、改进，轮船的效用大大得到提高。他设计制造的

第一艘以蒸汽机作为动力的轮船，长 21.35 米，1803 年在法国的塞纳河试航成功，但当晚为暴风雨所毁。后来他得到了瓦特的帮助，于 1805 年 3 月研制出了以蒸汽机作为动力装置的轮船。

1807 年，富尔顿在美国制成明翰推进的蒸汽机船"克莱蒙脱号"，长 45 米，于 1807 年 8 月 18 日在纽约州的哈得逊河上进行历史性的航行，航速为 1.61 公里/小时。以后换用大桨轮，航速达到了 4.83 公里/时；后来又改用了较大的凝汽器冷却水泵，大大提高了蒸汽机的效率，使航速提升到 6.44 公里/时。"克莱蒙脱

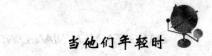

号"成为首创定期航线的轮船，航行在宾夕法尼亚州首府奥尔巴尼与纽约市之间长达241.4公里的航道上。后来经过多次改进，航速逐渐提高到12.87公里/时。

1808年，富尔顿又建造轮船"海神之车号"和"典型号"，其中"典型号"轮船逆风航行时航速接近9.5公里/时。一年后，他又研制建成了防式渡轮"约克和杰赛号"与"纳索号"。每船有两个并列的船体，角桥连接，船面宽敞便于载运客货。

在此之后，富尔顿又建造了"新奥尔良号"等轮船。他一生建造了许多船，1812年他制造了世界上第一艘蒸汽机军舰，这艘军舰在抗击英国封锁时起到了重要作用。

史蒂芬逊的成才故事

史蒂芬逊生于 1781 年，是英国著名的铁路蒸汽机发明家。

史蒂芬逊于 1781 年 6 月 9 日生于诺森伯兰郡一个煤矿蒸汽机技工的家庭。14 岁时，他在父亲所在的煤矿做蒸汽机维修保养工作，1812 年即成为基灵沃斯煤矿蒸汽机工长。1814 年，他成功地研制出了一种适合煤矿用的蒸汽机车。这种蒸汽机车能牵引着八节矿车以每小时四英里的速度将 30 吨煤从矿中拉出。1821 年，在修建斯托克顿·达灵顿铁路时，史蒂芬逊提出用他设计的蒸汽机车作为牵引机车的建议。这条铁路建成后，在 1825 年 9 月 27 日，一列由史蒂芬逊设计的"动力 1 号"蒸汽机车，牵引着满载 550 名乘客的列车，从达灵顿出发，以每小时 24 公里（15 英里）的速度驶向斯托克顿，这是人类历史上第一列被蒸汽机车牵引着在铁路上行驶的旅客列车。在这之后，史蒂芬逊又负责修建了从利物浦到曼彻斯特 64 公里（40 英里）的铁路。这条铁路使用史蒂芬逊和他的儿子 R·史蒂芬逊共同设计的新机车"火箭号"作为牵引机车，其速度为 47 公里/小时。

史蒂芬逊的一生对铁路的建筑和机车车辆的设计制造作出了卓越的贡献。